これ1冊で和食の基本をマスター

きょうから
和食じょうず

JN238159

きょうから和食じょうず

目次

特集
なつかしい食卓
昔ながらのお母さんの味

ポークソテー	8
里いもと鶏手羽中のうま煮	9
とんカツ	10
ハンバーグステーキ	12
鮭のムニエル	14
ポテトコロッケ	16
ポテトサラダ	18
チキンクリームシチュー	20
えびフライ	22
かつおのたたき	24
あじのたたき	25
ぶり大根	26
金目だいの煮つけ	28
ほうれんそうのおひたし	30
ロールキャベツ	32
ひじきの炒め煮	34
さやいんげんのごまあえ	36
若竹煮	38

この本を使う前に

■大さじ1は15㎖、小さじ1は5㎖、1カップは200㎖です。ただし、米の場合は1カップは180㎖（1合）で計算しています。
■電子レンジの加熱時間は、500Wの場合の目安です。400Wの場合は時間を2割増に、600Wなら2割減にしてください。また、機種によって異なることもあります。
■だしは昆布と削りがつおでとったものです。だしのもとを使う場合は、塩分が含まれているので、調味するときは味を確かめてからにします。
■調理時間は下ごしらえから料理ができるまでの目安で、乾物をもどす時間、つけ込んでおく時間などは含まれていません。
■熱量（kcal）は、1人分の数値です。
■料理名の横にあるマークは、主菜、副菜の区別と、その他の用途を示しています。参考にしてください。

和風おかずの基本の味 24のレシピ

煮物
肉じゃが	40
さばのみそ煮	42
豚の角煮	44
えびとかぶの炊き合わせ	46
いか大根	47
かぼちゃの含め煮	48
小松菜と油揚げの煮びたし	49

焼き物
ぶりの照り焼き	50
あじの塩焼き	52
鶏の照り焼き	54
だし巻き卵	56

蒸し物
あさりの酒蒸し	58
白身魚の酒蒸し	59
茶わん蒸し	60

揚げ物
鶏の立田揚げ	62
天ぷら	64
揚げ出し豆腐	66
なすの揚げびたし	67

炒め物
いり鶏	68
きんぴらごぼう	70
切り干し大根のいり煮	71

あえ物
白あえ	72
きゅうりとわかめの酢の物	74

浅漬け
キャベツの浅漬け	75

材料別和風おかず 109のレシピ

魚介

- さわらのみそ漬け焼き　100
- さわらののりまぶし焼き　101
- ぶりのおろし煮　101
- ぶりとかぶのしょうが煮　102
- ぶりの簡単照り焼き　103
- たらときのこのさっと煮　104
- たらのわかめ蒸し　105
- 金目だいのから揚げ甘酢おろし　105
- 鮭の揚げ漬け　106
- 鮭ときのこの蒸し物　107
- 塩鮭と大根のシンプルなべ　108
- 鮭とれんこんの炒め煮　109
- いわしのごぼうまぶし揚げ　110
- 枝豆たっぷりのさつま揚げ　111
- 野菜たっぷりのつみれ汁　111
- 焼きさばときのこの梅干し煮　112
- あじのごま風味焼き　113
- さんまのかば焼き風　114
- さんまの香味じょうゆ焼き　115
- うなぎとセロリの南蛮酢あえ　115
- いかのけんちん煮　116
- いかとたけのこのおかか煮　117
- えびとひじきのかき揚げ　117
- あさりとねぎの煮びたし　118
- カキのおろしあえ　119
- 刺し身ととうがんのごまあえ　119

海藻

- 茎わかめと鶏肉の炒め煮　120
- 生ひじきと鶏ひき肉の寄せ焼き　121

野菜

- 大根とひき肉のにんにく煮込み　78
- 大根とほたての煮物　79
- 大根おろしの豚肉のせ　80
- 大根のだし煮・黄身そぼろ　80
- かぶのそぼろあん　81
- れんこんと豚肉の炒め煮　82
- れんこんの豆腐はさみ焼き　83
- ごぼうの甘辛煮　83
- かぼちゃの煮物　84
- かぼちゃとひき肉の寄せ揚げ　85
- かぼちゃとひじきの煮物　85
- たけのこと鶏だんごの炊き合わせ　86
- たけのこと豚肉の炒め煮　87
- たけのことそら豆の揚げ物　87
- 白菜とえびの塩炒め　88
- 白菜と豚肉の重ね煮　88
- キャベツとかに缶の和風ゆでギョーザ　89
- うどといかの和風炒め　90
- ししとうとツナの炒め煮　91
- 新玉ねぎと牛こまのカレー炒め　91
- ふきと豆腐のおかか炒め　92
- なすのみそ炒め　93
- わけぎと油揚げの卵とじ　93
- さつまいもの肉じゃが風　94
- じゃがいもとそら豆のかき揚げ　95
- 新じゃがと豚バラ肉の甘辛しょうゆ煮　95
- 里いもとゲソのこっくりみそ煮　96
- 里いもの含め煮　97
- 揚げ里いものひき肉あんかけ　97
- 五目とろろ　98
- しいたけの肉詰め焼き　98
- 焼ききのこの辛みそ添え　99

卵

キャベツと桜えびの卵焼き	146
千草焼き	147
納豆とわかめのオムレツ	148
ひじきと卵のさっと炒め	148
茶わん蒸しの肉みそかけ	149
落とし卵の冷やし鉢	150
グリーンピースの卵とじ	151
たらこ入りいり卵	151

豆腐

肉豆腐	152
あんかけ豆腐	153
やっこ豆腐の高菜漬けのせ	154
野菜たっぷりの湯豆腐	155
みそ漬け豆腐	155
いり豆腐	156
粉がつお入り炒め豆腐	157
豆腐の和風ステーキ	157
厚揚げと昆布の煮物	158
厚揚げの揚げ出し豆腐風	159
油揚げの袋煮	159

肉

豚肉のしょうが焼き	122
豚肉のさんしょう焼き	123
豚肉と里いものみそ煮込み	124
豚肉ときのこの梅風味煮	125
豚肉と昆布の炒め煮	125
豚肉とレタスのごまだれしゃぶしゃぶ	126
豚のしゃぶしゃぶ風サラダ	127
スペアリブと大根のおでん	128
豚肉と白菜の重ね蒸し	129
豚肉と野菜のくし揚げ	130
豚肉の野菜巻き焼き	131
豚バラ肉と厚揚げの和風炒め煮	131
鶏もも肉の蒸し焼き薬味だれ	132
鶏肉と根菜のみそ漬け焼き	133
鶏手羽元とかぶの煮物	134
鶏肉としらたきの煮物	135
鶏肉とたけのこのいり煮	135
鶏肉の梅じょうゆ照り煮	136
鶏手羽と根菜の煮込み	137
鶏手羽とじゃがいもの炒め煮	138
鶏手羽のはちみつしょうゆ煮	139
鶏レバーのごま焼き甘辛だれ	139
和風ローストビーフ	140
牛こまと野菜のカレーじょうゆ炒め	141
牛肉とごぼうの炒め煮	141
鶏のみそ風味ハンバーグ	142
鶏だんごと小松菜の酒かす煮込み	143
豆腐入りつくねの煮物	144
豚つくねの焼き野菜添え	145
鶏ひき肉のうずら卵入り信田巻き	145

チャチャッと作る 小鉢物・汁物＆ごはん

小鉢物

かぶのレモンじょうゆ	162
かぶの昆布茶煮	162
きゅうりとささ身の梅あえ	163
塩もみきゅうりのおかかあえ	163
焼き油揚げと水菜のあえ物	164
ほうれんそうのくるみあえ	164
薄切りれんこんとほたての酢の物	165
れんこんとにんじんの炒めなます	165
玉ねぎの梅あえ	166
絹さやとにんじんのごまあえ	166
大根の皮のしょうゆ漬け	167
大根葉のちりめんじゃこ炒め	167
もやしと切り昆布の煮物	168
もやしと高菜のピリ辛煮	168
万能ねぎとハムのぬた	169
三つ葉ののりあえ	169
厚揚げと白菜の煮びたし	170
わかめと油揚げの煮びたし	170
きのこの煮びたしのり風味	171
きのこのたらこ炒め	171

汁物

豆腐とわかめのみそ汁	172
ほうれんそうと油揚げのみそ汁	173
なすとえのきだけのみそ汁	173
小松菜と麩のみそ汁	174
しゅんぎくと豆腐のみそ汁	174
落とし卵とわけぎのみそ汁	175
あさりのみそ汁	175
せん切り野菜のすまし汁	176
豆腐とのりのとろみ汁	176
小松菜入り卵とじ椀	177
とろろ昆布と梅干し、おかかの簡単汁	177
けんちん汁	178
豚汁	179

ごはん

きのこの炊き込みごはん	180
鶏肉とごぼうのおこわ	181
ぎんなんと桜えびのまぜごはん	182
うなぎときゅうりのまぜごはん	183
大根がゆのしょうゆあんかけ	183
鶏肉の梅焼き丼	184
ステーキ丼オクラとろろソース	184
そば屋のカレーライス	185

コラム

いまさら聞けないQ&A①	76
いまさら聞けないQ&A②	160
もっとおいしく和食！	186〜192

特集

なつかしい食卓 昔ながらのお母さんの味

「さあ、今夜はポテトコロッケよ！」の声に子どもたちの歓声があがったあのころ……
小さかったころの食卓を思い出して、ときどきたまらなく食べたくなる、お母さん味のおかず。
肉じゃがやひじきの煮物はもちろんのこと、
ロールキャベツ、クリームシチュー、えびフライなどは、純和食とはいいがたいものの、
みんなが舌で憶えている日本の家庭の味ではないでしょうか？
さあ、もう一度あの味をとり戻して、わが家の定番レシピにいたしましょう。

ケチャップ味がなつかしい。にんにくの香ばしさをプラスして

ポークソテー

1人分 459kcal

主菜に　**お弁当おかずに**

材料（2人分）
豚ロース肉（とんカツ用）
　‥‥2枚
にんにくの薄切り
　‥‥小1かけ分
小麦粉‥‥適宜
赤ピーマン‥‥小1個
ピーマン‥‥大1/4個
玉ねぎ‥‥1/2個
サラダ油‥‥大さじ2
塩、こしょう‥‥各適宜
ソース
　┌ウスターソース、トマトケチ
　└　ャップ‥‥各大さじ2

作り方

1 豚肉は包丁の刃先で筋を切り、両面に軽く塩、こしょうをする。肉の片面ににんにくを3〜4枚ずつはりつけ、両面に小麦粉を薄くはたきつける。ピーマン2種と玉ねぎは一口大に切る。

2 フライパンにサラダ油大さじ1を熱し、ピーマンと玉ねぎをいため、軽く塩、こしょうをしてとり出す。

3 同じフライパンに残りのサラダ油を足し、にんにくをはりつけた面を下にして豚肉を入れ、強火で焼き色をつけ、裏返して弱火にし、フライ返しで押さえながら火を通す。食べやすく切って器に盛り、**2**を添える。

4 **3**のフライパンに水大さじ3〜4とソースの材料を入れて煮詰め、肉にかける。（武蔵）

▶ cooking memo
豚肉は裏返したら弱火にし、フライ返しで押さえながら、中までじっくり火を通す。

鶏手羽のうまみが里いもにしみてこっくり味に。ごはんのお供や酒肴にも

里いもと鶏手羽中のうま煮

1人分 262kcal

主菜に / おつまみおかずに

材料（2人分）
里いも‥‥300〜500g
鶏手羽中‥‥8本
サラダ油‥‥少々

煮汁
├ だし‥‥1カップ
├ 砂糖、酒‥‥各大さじ1
├ みりん‥‥大さじ1
└ しょうゆ‥‥大さじ1.5

作り方
1 里いもは上下を切り落とし、縦に厚めに皮をむき、水にさらす。なべに入れてかぶるくらいの水を入れ、強火でゆでる。煮立ったら弱めの中火にして約5分ゆで、流水で表面のぬめりを洗う。
2 なべを熱してサラダ油を薄く引き、手羽中を入れて皮に焼き色をつける。
3 2に1と煮汁の材料を入れ、強火で一煮立ちさせる。アルミホイルで落としぶたをし、中火で煮汁がほとんどなくなるまで、なべをときどき揺すって照りよく煮る。
（武蔵）

▶ **cooking memo**
皮にこんがり焼き色をつけて香ばしさをプラス。

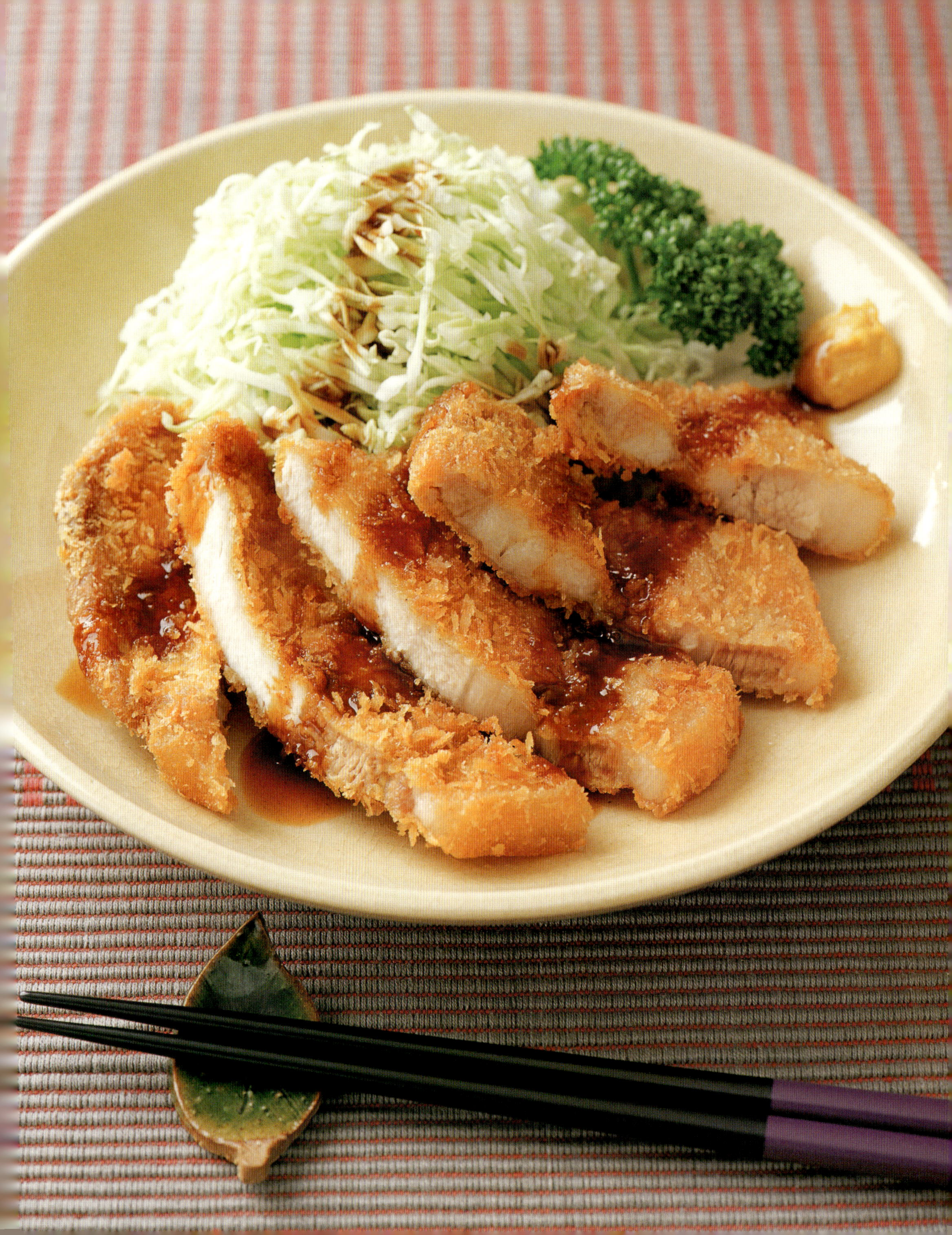

とんカツ

1人分 506kcal

主菜に　お弁当おかずに

衣はカリッと、肉はジューシー！　中温でゆっくり揚げるのがコツ

材料(2人分)
豚ロース肉(とんカツ用)‥‥2枚
塩、こしょう‥‥各少々
衣
　┌ 小麦粉、パン粉‥‥各適宜
　└ とき卵‥‥1/2個分
揚げ油‥‥適宜
キャベツのせん切り‥‥3〜4枚分
パセリ‥‥少々
好みのソース、ねりがらし‥‥各適宜

1　豚肉は脂と赤身の間のところどころに包丁の刃先を入れて筋切りをし、焼いたときのちぢみや変形を防ぐ。そのあとで、塩、こしょうをする。

2　バットに小麦粉、とき卵、パン粉をそれぞれ用意する。はじめに、豚肉全体に小麦粉をまぶし、余分な粉を払う。

3　とき卵を全体にからめる。

4　最後にパン粉をまんべんなくまぶし、手で押さえるようにしてしっかりとつける。

5　揚げ油を中温(170〜180度)に熱し、**4**を静かに入れ、5〜6分揚げる。少し色づくまではさわらずに、途中で一度、裏返す。

6　肉が浮き上がってきたら、とり出して油をよくきる。熱いうちに食べやすく切り分け、キャベツとパセリを添える。好みのソースとからしをつけて食べる。

(武蔵)

ハンバーグステーキ

ソースは、お好みでわが家の味を作りましょう

1人分 475kcal

主菜に / お弁当おかずに

材料（2人分）
肉だね
- 牛ひき肉‥‥200g
- 玉ねぎのみじん切り‥‥½個分
- バター‥‥小さじ1
- パン粉‥‥大さじ2
- 牛乳‥‥大さじ1.5
- 卵‥‥½個分
- 塩、こしょう、ナツメグ‥‥各少々

サラダ油‥‥大さじ1
ソース
- トマトケチャップ‥‥大さじ2
- ウスターソース‥‥大さじ2

さやいんげんのゆでたもの‥‥4本
にんじんのグラッセ‥‥2切れ
マッシュポテト‥‥適宜

1 玉ねぎは耐熱容器に入れてバターをのせ、ラップをせずに電子レンジで約2分加熱して冷ます。パン粉は牛乳にひたす。

2 ボウルに1と残りの肉だねの材料を合わせる。

3 指を広げてかき回すようにして粘りが出るまで（肉の粒が白っぽくなるまで）よくねる。

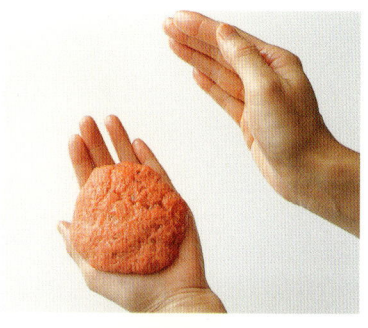

4 手にサラダ油（分量外）を塗り、3を半量ずつ両手の間で投げるように行き来させて空気を抜き、楕円形にまとめる。

5 サラダ油を熱して4を並べ、強火で30秒、弱火にして2分、裏返して約1分焼き、両面に焼き色をつける。

6 火をやや弱めてふたをし、7～8分焼く。竹ぐしを刺して澄んだ汁が出てきたら、中まで火が通っている。器にとり出す。

7 6のフライパンにソースの材料を入れて煮詰め、ハンバーグにかける。さやいんげん、にんじんのグラッセ、マッシュポテトを添える。　（武蔵）

---

cooking memo
いずれも材料は作りやすい分量

にんじんの簡単グラッセの作り方
にんじんは1cm厚さの輪切りにし、2切れにつきバター小さじ½をのせ、ふんわりとラップをかけて電子レンジで約1分30秒加熱する。

マッシュポテトの作り方
じゃがいも2～3個は四～六つ割りにし、水にさらす。水からやわらかくゆで、湯をきって水けをとばして裏ごしする。からのなべに戻して、バター大さじ½、牛乳大さじ2、塩、こしょう各少々を入れて弱～中火にかけ、ほどよいかたさになるまでねる。

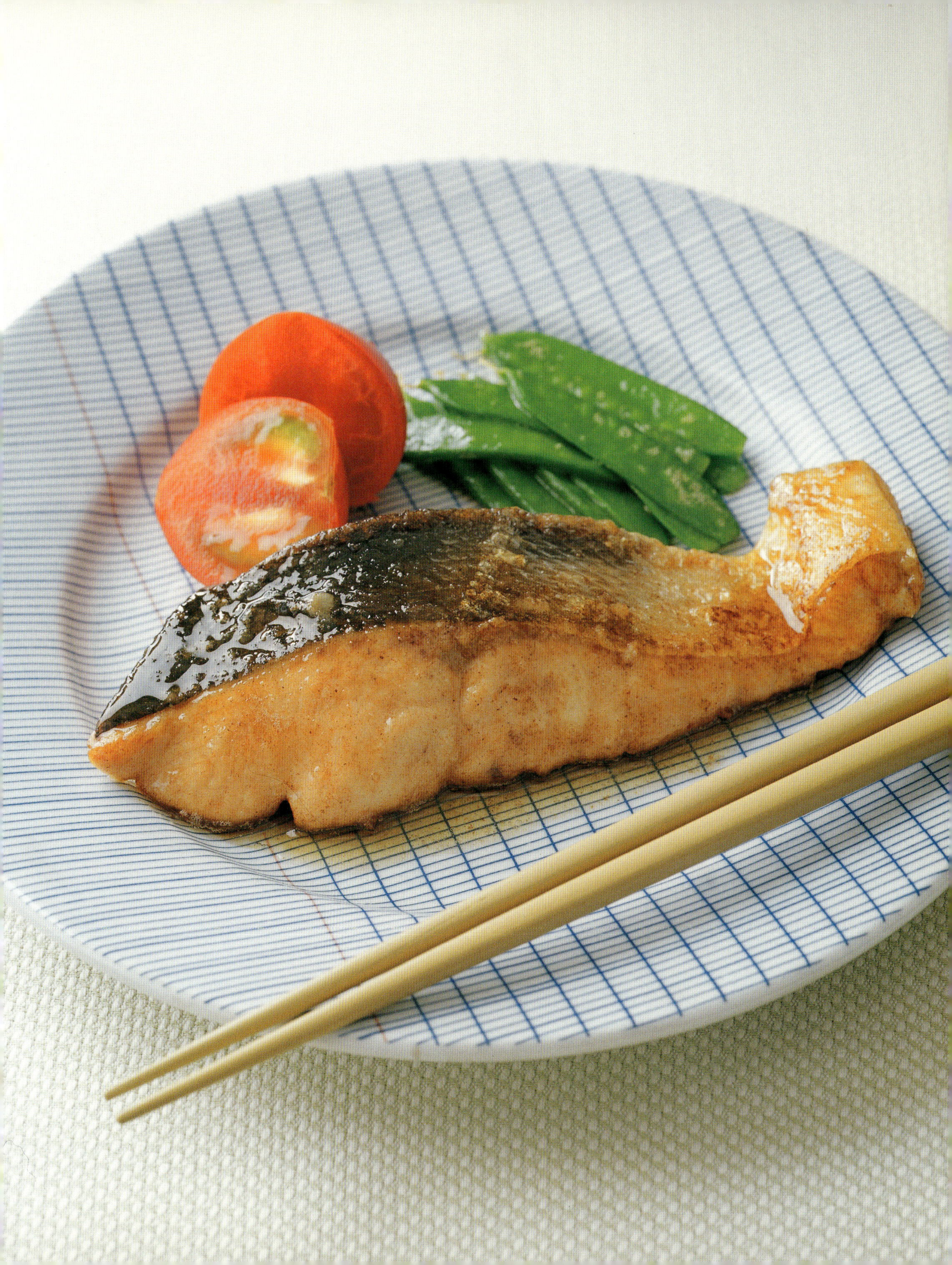

鮭のムニエル

今も昔も変わらない、洋食屋さんの人気メニュー。レモンバターのソースで

1人分 331kcal

主菜に　お弁当おかずに

材料（2人分）
生鮭‥‥2切れ
塩、こしょう‥‥各少々
白ワイン‥‥大さじ2
小麦粉‥‥大さじ2
サラダ油‥‥大さじ1
バター‥‥大さじ3
レモン汁‥‥1個分
ミニトマト‥‥2個
さやえんどう‥‥10枚

1 鮭は両面に塩、こしょうをやや強めに振り、白ワインを振りかけてしばらくおく。鮭の水けをペーパータオルでふく。

2 バットに小麦粉を入れて鮭に薄くまぶし、余分な粉は払い落とす。

3 フライパンにバターの半量とサラダ油を熱し、鮭の皮を下にして並べ、フライパンを揺すりながら1〜2分焼く。

4 焼き色がついたら鮭を裏返して弱火にし、ふたをして3〜4分ふっくら焼いて火を通し、器に盛る。

5 4のフライパンに残りのバターをとかしてレモン汁を入れ、やや強火で少し煮立て、鮭にかける。半分に切ったミニトマトとゆでたさやえんどうを添える。　　　　　　　　　　（武蔵）

ポテトコロッケ

ほくほくタイプのじゃがいもを選んで、ほっくり仕上げに

1人分 514kcal

主菜に / **お弁当おかずに**

材料（2人分）
じゃがいも‥‥2個
合いびき肉‥‥100g
玉ねぎのみじん切り‥‥½個分
バター‥‥大さじ1
塩、こしょう‥‥各少々
サラダ油‥‥適量

衣
- 小麦粉‥‥適宜
- とき卵‥‥½個分
- パン粉‥‥適宜

揚げ油‥‥適宜
レタス‥‥適宜
ミニトマト‥‥4個
ブロッコリー‥‥4房

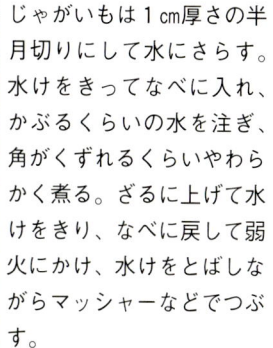

1 じゃがいもは1cm厚さの半月切りにして水にさらす。水けをきってなべに入れ、かぶるくらいの水を注ぎ、角がくずれるくらいやわらかく煮る。ざるに上げて水けをきり、なべに戻して弱火にかけ、水けをとばしながらマッシャーなどでつぶす。

2 フライパンにバターを熱し、弱火で玉ねぎを透明になるまでいためる。ひき肉を入れてほぐし、中火でよくいため、塩、こしょうを振って火を止める。

3 2を1にまぜる。

4 サラダ油を薄く塗ったバットに入れて平らにならし、冷ます。

5 手にサラダ油を薄く塗り、4を¼量ずつとって俵形に丸める。

6 小麦粉、とき卵、パン粉の順に衣をつける。

7 揚げ油を中温（170〜180度）に熱し、6を入れて色よく揚げる。器に盛り、食べやすく切ったレタス、ゆでたブロッコリー、ミニトマトを添える。　（武蔵）

ポテトサラダ

脇役おかずでは、トップクラスの人気を誇るおなじみサラダです。サンドイッチの具にも

1人分 125kcal

| 副菜に | お弁当おかずに |

材料（2～3人分）
じゃがいも‥‥2個
玉ねぎ‥‥1/4個
きゅうり‥‥1/2本
酢‥‥大さじ1/2
塩‥‥適宜
こしょう‥‥少々
マヨネーズ‥‥大さじ2
粒マスタード‥‥小さじ1/2弱

1 じゃがいもは1cm厚さの半月切りにし、水にさらす。玉ねぎはごく薄く切り、水にさらす。きゅうりは薄い小口切りにし、塩少々を振ってしんなりさせる。

2 なべにじゃがいもと、かぶるくらいの水を入れてやわらかくゆで、ざるに上げて水けをきり、なべに戻す。弱火にかけ、木べらでつぶす。

3 熱いうちにボウルにとって酢を回しかけ、塩、こしょうを振って軽くまぜ合わせる。

4 じゃがいもが冷めたら、玉ねぎときゅうりの水けをよくしぼって加え、さっくりとまぜる。

5 マヨネーズと粒マスタードを加えてゴムべらなどでよくまぜる。　　（武蔵）

> **cooking memo**
> ポテトサラダには、男爵いもなど火を通したときほくほくの食感になる種類を使います。やや粘りけがあって煮くずれしにくいメークイン系はシチューなどに。

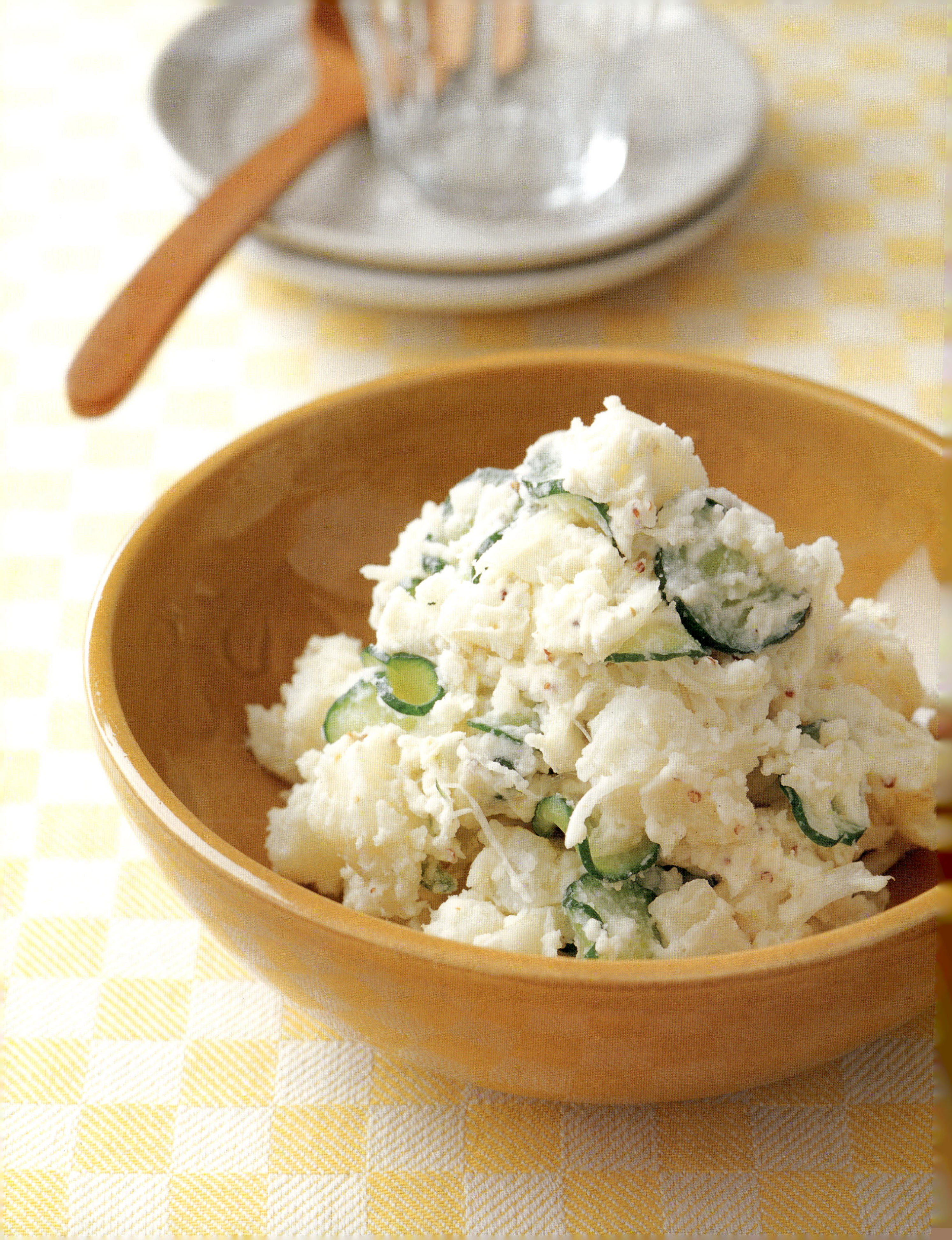

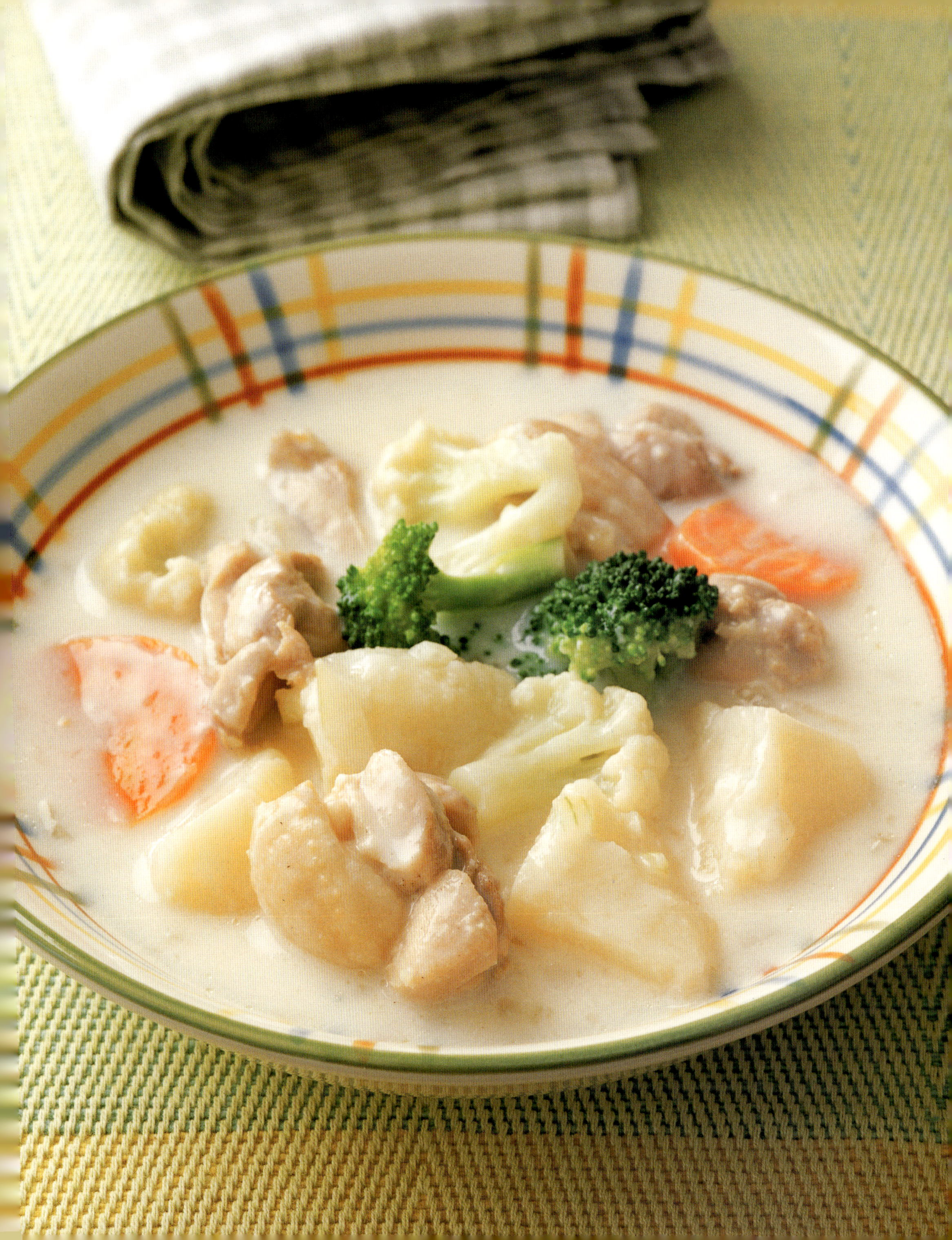

チキンクリームシチュー

1人分448kcal

主菜に

やさしい口当たりが子どもたちに人気。ぽかぽか体があたたまり、幸せ気分に

材料（2人分）
鶏もも肉‥‥小1枚（180〜200g）
玉ねぎ‥‥1/4個
にんじん‥‥1/3本
じゃがいも‥‥中1個
ブロッコリー‥‥1/4個
カリフラワー‥‥1/4個
小麦粉‥‥大さじ1.5
固形スープ‥‥1/2個
牛乳‥‥1カップ
サラダ油‥‥大さじ1/2
バター‥‥大さじ1弱
塩、こしょう‥‥各適宜

1 鶏肉は食べやすい大きさに切り、軽く塩、こしょうを振る。玉ねぎはあらいみじん切りにする。にんじんは一口大の乱切りにする。じゃがいもは八つ割りにして水に放し、水けをきる。ブロッコリーとカリフラワーは小房に分け、塩少々を入れた湯でさっとゆでて水けをきる。

2 なべにサラダ油を熱し、中火で鶏肉をさっといためてとり出す。

3 同じなべにバターを入れ、弱火で玉ねぎをしんなりするまでいため、小麦粉を振り入れて粉っぽさがなくなるまでいためる。

4 水2カップを注ぎ、固形スープをくずしながら加えてよくまぜ、にんじん、じゃがいもを入れて強火で煮る。煮立ったら弱火にし、鶏肉を戻し入れて、野菜がやわらかくなるまで煮る。

5 牛乳を加えてまぜ、弱火で約5分煮、塩、こしょうをし、ブロッコリーとカリフラワーを加えて一煮立ちさせる。　　　　（武蔵）

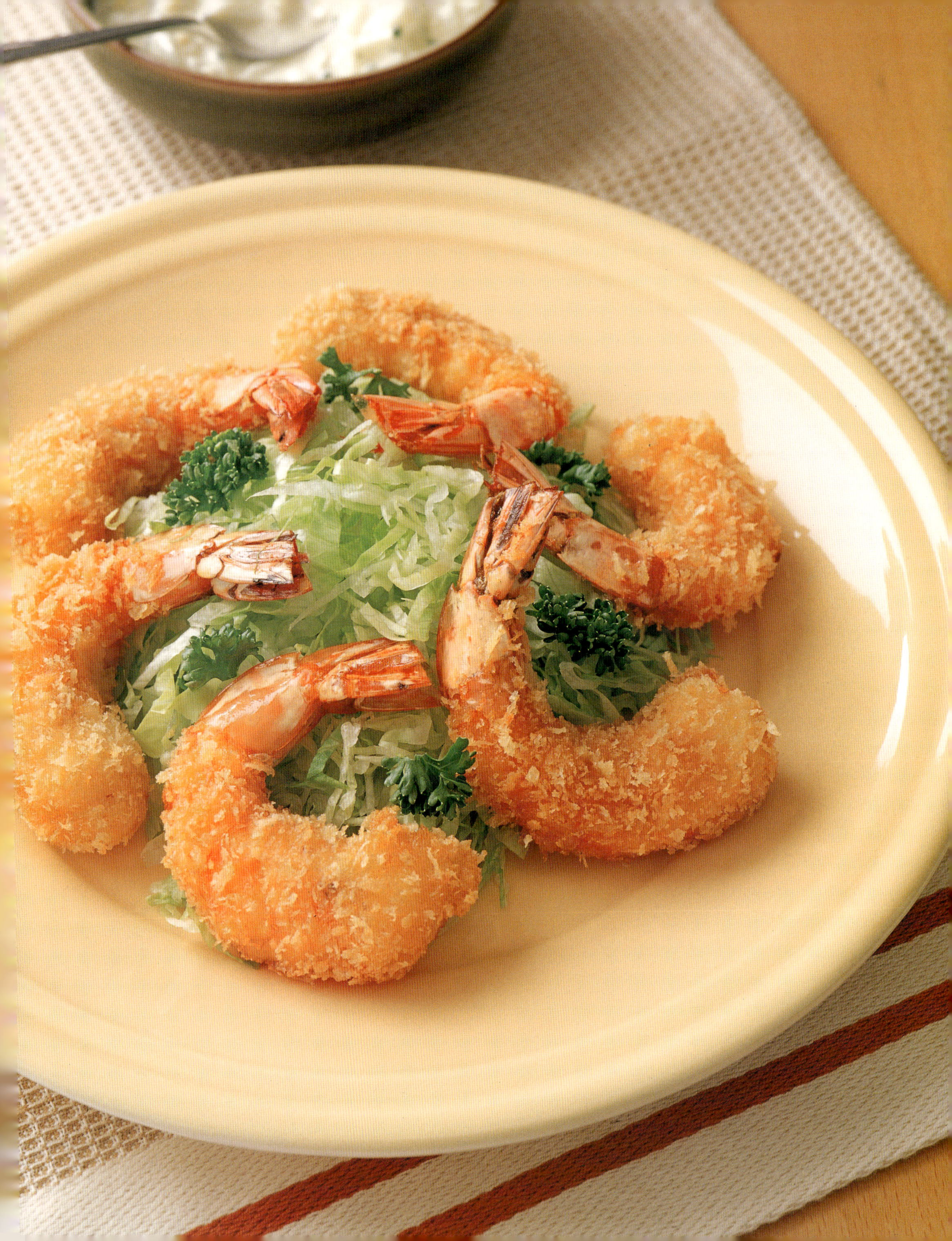

えびフライ

家族みんなに愛される定番おかず。揚げたてならではのおいしさを楽しみましょう

1人分 457kcal

主菜に　お弁当おかずに

材料（2人分）
えび‥‥6尾　　　　　　揚げ油‥‥適宜
塩、こしょう‥‥各少々　キャベツのせん切り‥‥大2枚分
衣　　　　　　　　　パセリ‥‥適宜
　小麦粉、パン粉‥‥各適宜　タルタルソース‥‥適宜
　卵‥‥1個

1
えびは背側の殻と殻の間に、竹ぐしやようじなどを差し入れて背わたを引き出してとり除く。

2
尾の1節を残して殻をむき、尾の先端を斜めに切り落とし、包丁でしごいて尾の中の水分を出す。これで油はねが防げる。

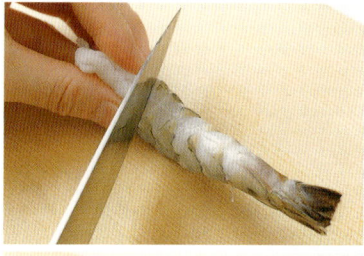

3
腹側に3～4カ所やや斜めに切り込みを入れて、両手で持って少しそらせるようにして引っぱり、加熱したときの曲がりを防ぐ。

4
えびに塩、こしょうをし、小麦粉をまぶし、といた卵、パン粉の順に衣をつける。

5
中温（170～180度）の揚げ油で4をきつね色に揚げる。キャベツとパセリとともに盛りつけ、タルタルソースをつけて食べる。

（武蔵）

cooking memo
タルタルソースの作り方
えびフライやカキフライなど魚介のフライによく合う、マヨネーズをベースにしたソース。
玉ねぎのみじん切り大さじ1は水にさらして水けをよくきり、パセリのみじん切り大さじ1.5、かたゆで卵のあらいみじん切り1/2個分と合わせ、マヨネーズ大さじ4、レモン汁小さじ1、こしょう少々を加えてよくまぜる。

かつおのたたき

厚めに切って豪快に。季節の薬味をいろいろ添えて

1人分 191kcal

主菜に / おつまみおかずに

材料（2人分）
かつおの背身
　（小・皮つき）‥‥200g
しょうが‥‥少々
にんにく‥‥少々
たれ
　┌ しょうゆ‥‥大さじ1
　│ 酒‥‥大さじ1
　└ 酢‥‥大さじ1
大根‥‥5cm
みょうが‥‥1個
万能ねぎ‥‥1〜2本

作り方

1　かつおは皮から内側に少し入ったところに、金ぐしを3本、末広になるように刺し、手元を束ねてじか火にかざし、皮をあぶり焼く。焼き色がついたら上下を返し、身のほうを白っぽくなるまで焼く。

2　すぐに氷水につけて金ぐしを抜きとり、手早く冷まして水けをきる。

3　しょうがとにんにくはすりおろす。大根はせん切り、みょうがは縦半分に切ってから斜め薄切りにする。万能ねぎは小口切りにする。

4　たれはまぜ合わせる。

5　2を1cm厚さに切り分け、大根をあしらって盛りつけ、万能ねぎを散らし、みょうがとおろしにんにく、おろししょうがを添える。たれは別器に入れて、好みでかけて食べる。　　　　（杵島）

▶ **cooking memo**
かつおは皮つきのままじか火であぶり焼くことで、香ばしさがプラスされ、独特の生ぐささが消える。氷水につけすぎるとうまみが逃げるので、あら熱がとれたらとり出す。

あじのたたき

身くずれが少ないあじは、初心者にも扱いやすい魚

1人分 110kcal

主菜に / おつまみおかずに

材料（2人分）
あじ（三枚におろしたもの）‥‥2尾分
しょうがのみじん切り‥‥小½かけ分
ねぎのみじん切り‥‥4～5cm分
青じそ‥‥2枚
しょうゆ‥‥適宜

作り方 
1　あじは小骨を骨抜きで頭のほうに引っぱりながら抜く。

2　皮を上にし、頭のほうから尾のほうに向けて皮をむく。

3　身を小さく切り、さらに包丁でこまかくたたく。

4　ボールに入れ、しょうがとねぎをまぜる。器に青じそを敷いて3のたたきを形よく盛り、しょうゆをかけて食べる。
（武蔵）

---

cooking memo　生きのよい魚が手に入ったら、三枚おろしに挑戦！

1　53ページを参照にあじの下ごしらえをする（ぜいごをとり、内臓をとり出して中をきれいに洗い、頭を落とす）。

2　頭を落とした切り口から中骨の上に包丁を入れ、中骨に沿って尾まで包丁を上下に動かし、身を切り離す。

3　中骨のついている面を下にしておき、2と同様に中骨の上に包丁を入れ、尾まで包丁を動かし、身を切り離す。上身が2枚と、中骨1枚で3枚になる。

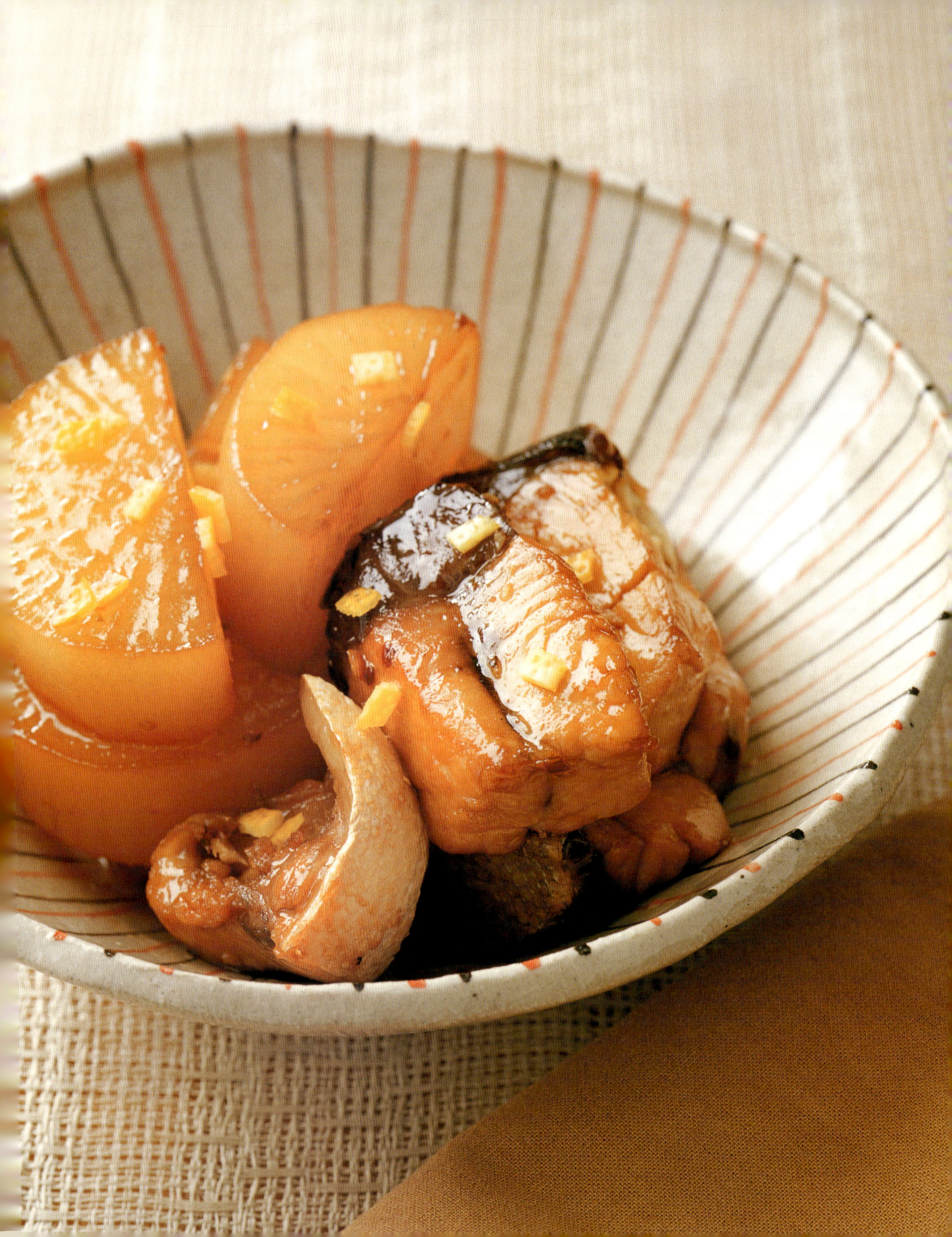

ぶり大根

和風煮物の代表選手。旬の冬には、一度は作りたい

1人分301kcal

主菜に／おつまみおかずに

材料（2人分）
ぶり‥‥2切れ
大根‥‥250〜300g
酒‥‥大さじ2.5
砂糖‥‥大さじ2
みりん‥‥大さじ½
しょうゆ‥‥大さじ1.5
ゆずの皮（あらいみじん切り）‥‥適宜

1 ぶりは大きめの一口大のそぎ切りにする。大根は2cm厚さに切って皮をむき、半月切りにする。

2 ぶりを重ならないようにざるに並べて熱湯を回しかけ、水にとって冷まし、水けをふく。

3 なべに大根を入れてたっぷりの水を注ぎ、強火にかける。煮立ったら中火にし、竹ぐしがスッと通るまでやわらかくゆでる。

4 大根がひたひたになるくらいまで残してゆで汁を捨て、再び火にかけて煮立ったらぶりを加える。

5 酒、砂糖、みりんで調味し、アルミホイルの落としぶたをして、5〜6分煮る。

6 しょうゆを加え、落としぶたを戻して煮汁が少し残るまでときどきなべを揺すりながら煮詰める。器にぶりと大根を盛り合わせ、ゆずを散らす。　（武蔵）

▶ **cooking memo** 調味料は2回に分けて加える。まず、酒、砂糖、みりんで甘みを煮含ませ、それからしょうゆを加える。

金目だいの煮つけ

脂ののった金目だいのコクが、かぶにもよくしみておいしい

1人分 215kcal

主菜に／おつまみおかずに

材料（2人分）
金目だい‥‥大2切れ
かぶ‥‥2個
煮汁
　だし‥‥½カップ
　酒‥‥80ml
　みりん、しょうゆ‥‥各大さじ2
　砂糖‥‥大さじ1.5
木の芽（あれば）‥‥2枚

1 かぶは茎を少し残して葉を落とし、皮をむいて縦半分に切る。流水に当て、茎のつけ根の汚れを竹ぐしで落とす。3〜4等分のくし形に切り、切り口の角を面取りする。

2 熱湯でくさみをとる。金目だいはざるにのせ、ペーパータオルを1枚かぶせ、熱湯を回しかける。

3 なべに煮汁のだし、酒とかぶを入れて中火にかけ、煮立ったら火を弱め、ふたをして煮る。やわらかくなったら、煮汁の残りの材料を合わせて加える。

4 再び煮立ったら、金目だいを並べ入れる。

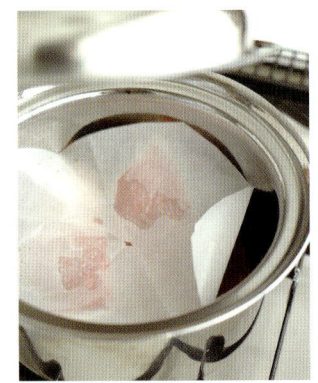

5 オーブンシートで落としぶたをし、なべのふたもして、弱めの中火で約10分煮る。器に金目だいを盛り、かぶを添え、木の芽をのせる。　　（広沢）

▶ **cooking memo**　金目だいは脂肪分が多く身のやわらかい白身魚で、旬は12〜3月。赤い色が鮮やかで、1尾で買う場合は、目やうろこが金色に光っているものが鮮度良好です。

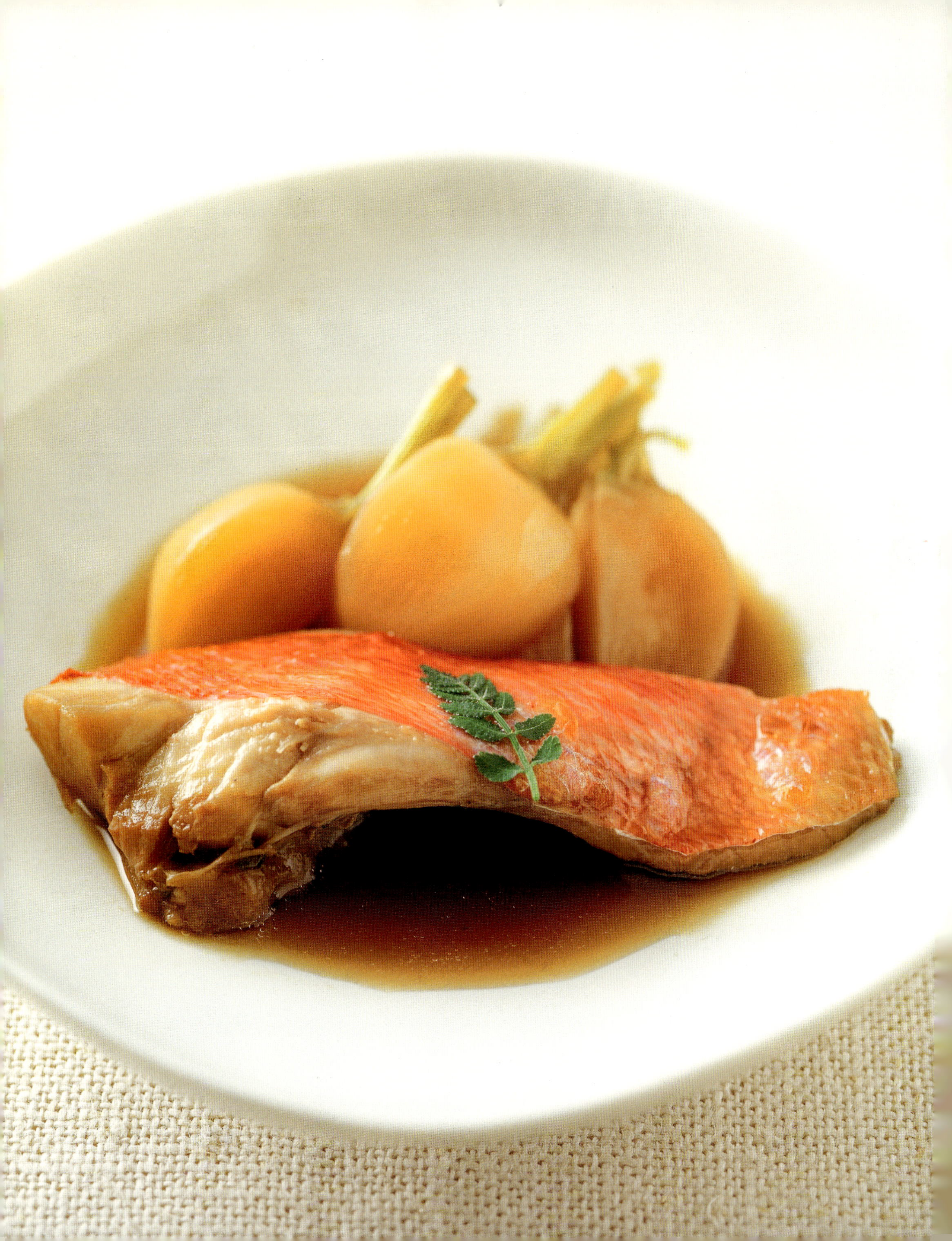

ほうれんそうのおひたし

手軽に作れて、飽きのこない昔ながらの副菜。仕上げはシャキッとした歯ざわりに

1人分 38kcal

副菜に

材料（2人分）
ほうれんそう‥‥大1/2束
塩‥‥一つまみ
ひたし汁
　だし‥‥1/2カップ
　薄口じょうゆ‥‥大さじ1/2
削りがつお‥‥適宜

1 ほうれんそうはよく洗い、根元を下にして水を張ったボールに2～3分つけ、根元の汚れをとる。こうしておくと、葉もシャキッとする。

2 たっぷりの湯を沸かして塩を加える。

3 ほうれんそうは、2～3回に分けてゆでるのがコツ。ほうれんそうの1/3量を根元から入れてゆでる。

4 全体に沈めて、煮立ってきたらほうれんそうの上下を入れかえる。

5 ボールに冷水を用意して、再び煮立ったらほうれんそうをとり出して冷水につけ、急激に冷ます。

6 よく冷めたら、根元を上にしてそろえ、両手で握るようにして持ち、上から下に向けて水けをしぼる。食べやすく3～4cm長さに切る。

7 バットにひたし汁の材料を合わせ、ほうれんそうを入れて15～20分ひたす。味がなじんだらほうれんそうをひたし汁ごと器に盛って、削りがつおをのせる。

（武蔵）

cooking memo
ほうれんそうは、ゆですぎに注意!! 上下を返し、葉先がしんなりしたら火を止める。軸はシャキシャキ感を残す。火が通りすぎるとくたっとして、おいしくない。また、塩の入れすぎ、ゆで上げたあとの水に長時間つけすぎにも注意。

ロールキャベツ

とろとろ煮込んだキャベツに包まれたふっくらひき肉は、なつかしい洋食

1人分 422kcal

主菜に

材料（2人分）
キャベツ‥‥大4枚
肉だね
　合いびき肉‥‥200g
　玉ねぎのみじん切り‥‥1/2個分
　バター‥‥小さじ1
　パン粉‥‥1/4カップ
　牛乳‥‥大さじ1.5
　とき卵‥‥1/2個分
　かたくり粉‥‥大さじ1/2
　トマトケチャップ‥‥大さじ1/2

固形スープ‥‥1個
A　トマトピューレ‥‥1/4カップ
　　ローリエ‥‥1枚
ベーコンの短冊切り‥‥2枚分
塩、こしょう‥‥各適宜
パセリのみじん切り‥‥適宜

1 キャベツは熱湯で3分ゆでる。

2 ざるに広げて冷まし、かたい軸をそいで、塩、こしょうをする。

3 肉だねの材料は、ハンバーグステーキ（p.13参照）の要領で準備し、粘りが出るまでよくねる。4等分して、手にサラダ油（分量外）を薄く塗り、それぞれ丸めて空気を抜き、俵形にととのえる。キャベツを広げて肉だねを手前にのせ、1～2回強く巻く。

4 片側を折って端まで巻き、縦に持って残った葉を中心に向かって押し込む。同様にあと3個作る。

5 なべに**4**をすき間なく並べ、固形スープを湯2カップでといて加え、ベーコンとAを入れる。

6 アクをとりながら20～25分煮る。塩、こしょうで味をととのえる。器に盛り、パセリを散らす。（武蔵）

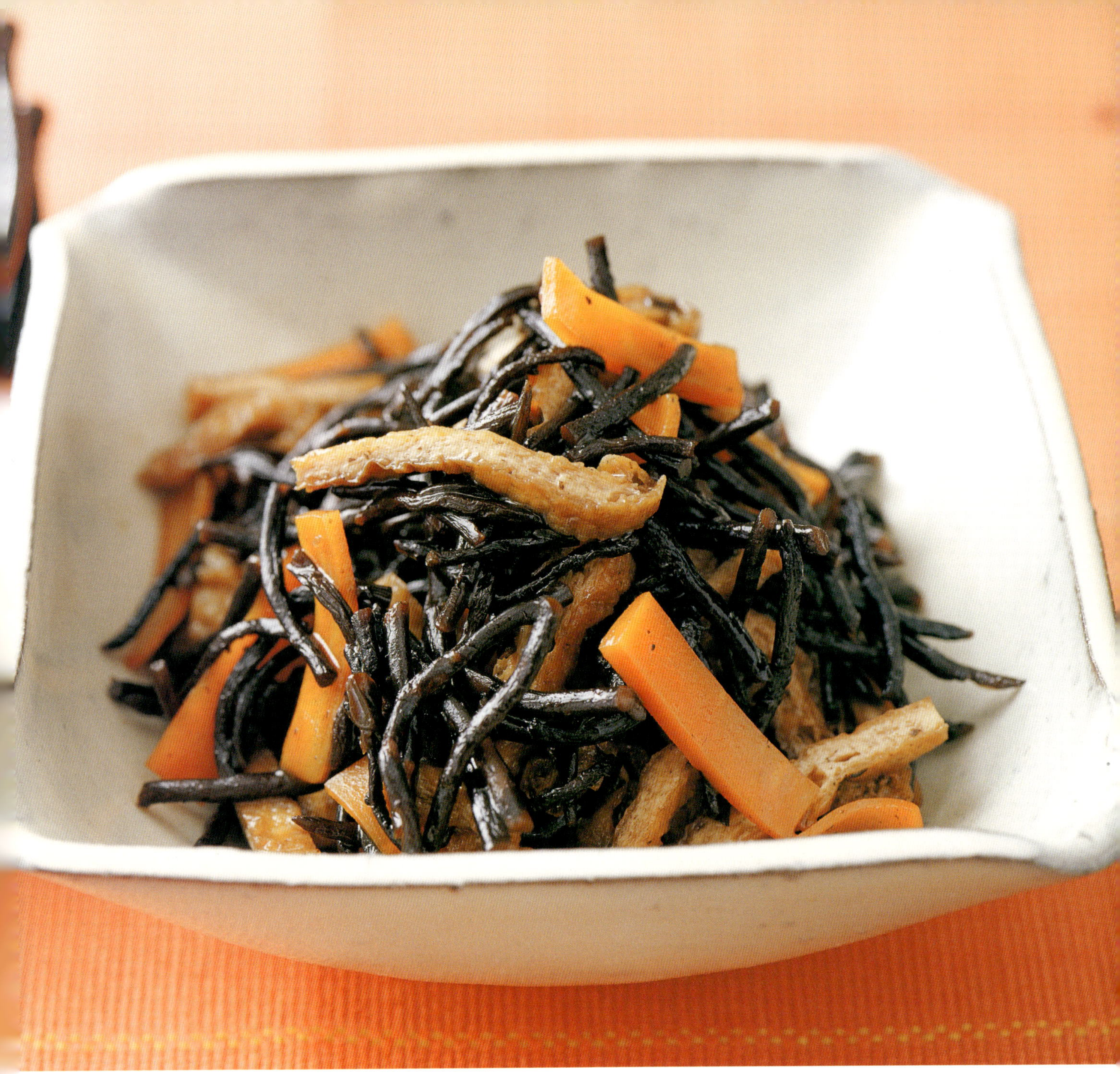

ひじきの炒め煮

意外と簡単！ パパの晩酌のおつまみや副菜にもなり、ミネラルも豊富

材料（2人分）
ひじき（乾燥）‥‥15g
油揚げ‥‥1/2枚
にんじん‥‥3cm
だし‥‥2/3カップ
A ┌ 砂糖‥‥大さじ1弱
　├ みりん‥‥大さじ1
　└ しょうゆ‥‥大さじ1
サラダ油‥‥小さじ1

1 ひじきはざるに入れ、水の中でもむように洗い、たっぷりの水につけてもどす。

2 ひじきをざるにとり、ペーパータオルで軽くたたくようにして水けをよくとる。油揚げは熱湯を回しかけて3〜4cm長さの細切り、にんじんは3cm長さの短冊切りにする。

3 なべにサラダ油を熱し、ひじきを入れてさっといため、にんじんを加えていため合わせる。油揚げを入れてさっといため、だしを注いで一煮立ちさせ、Aで調味する。

4 アルミホイルをのせ、煮汁がほとんどなくなるまで中火で煮る。　（武蔵）

1人分100kcal

副菜に　おつまみおかずに

cooking memo まとめて作って小分けにして冷凍しておくと便利。おかずが少ないときのもう1品に、お弁当の副菜に、オムレツやコロッケの具にも利用できます。

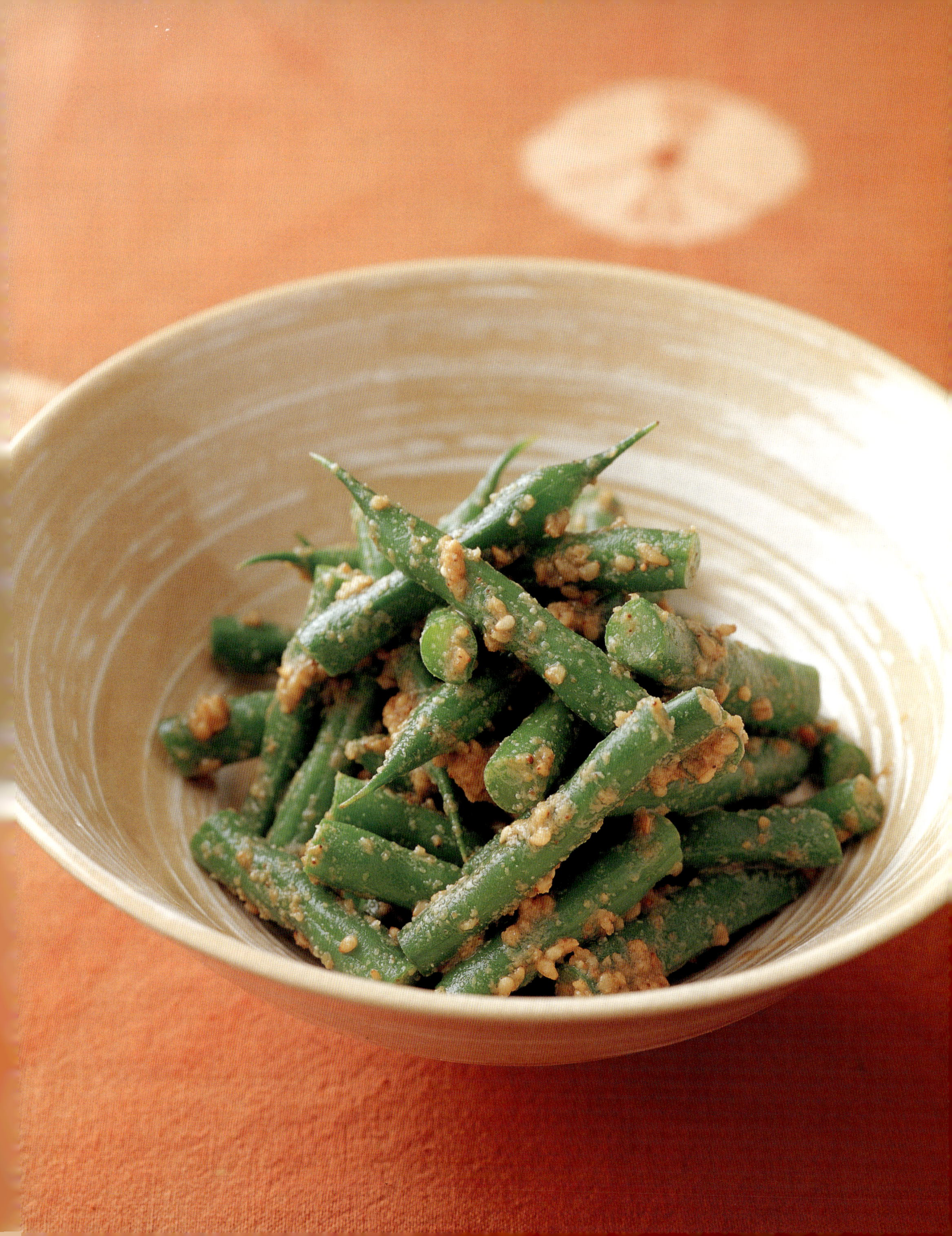

さやいんげんのごまあえ

シンプルだけど栄養満点。野菜不足の献立にぜひ加えたい昔ながらのあえ物です

1人分66kcal

主菜に　お弁当おかずに

材料（2人分）
さやいんげん‥‥100g
塩‥‥少々
砂糖‥‥大さじ½
しょうゆ‥‥大さじ1
すり白ごま‥‥大さじ2

1 さやいんげんはへたを折ってとる。筋のあるものは、へたを折ったところから下に向かって引いて、筋を除く。

2 なべにたっぷりの湯を煮立てて塩を加え、さやいんげんを入れて、しんなりするまで色よくゆでる。

3 ざるに上げて水けをきり、手早く冷ます。水にとると水っぽくなるので、うちわなどであおいで、できるだけ手早く冷ますのが理想的。

4 やや大きめのボールに砂糖を入れ、湯大さじ1でとかし、すりごまとしょうゆを加えてまぜ合わせる。

5 よく冷ましたさやいんげんを3〜4cm長さに切り、食べる直前に**4**のボールに入れてよくあえる。　（武蔵）

cooking memo　ごまあえはほうれんそうや小松菜、根菜などいろいろな材料で応用できるので、覚えておくと便利です。

春の生たけのこは香りもフレッシュ、歯ざわりもしゃきしゃき。旬を味わって。

若竹煮

cooking memo

● 市販のゆでたけのこで、節の間に白いかたまりがついていれば、竹ぐしなどでとり除いてから使う。

● **皮つきの生たけのこをいただいたら**
掘りたては新鮮でえぐみがないので、皮をむいてそのまま使える。時間がたっていれば下ゆでをする。皮つきのまま縦に1本切り目を入れ、大きければ2つに切ってたっぷりの水で、あればぬか一つかみと赤とうがらし2～3本を入れて、やわらかくなるまでゆでる。根元に竹ぐしを刺して、スッと通れば火からおろしてそのまま冷ます。調理をするとき、よく洗って皮をむく。

1人分62kcal

副菜に	おつまみおかずに

材料（2人分）
ゆでたけのこ‥‥中1本
わかめ（塩蔵）‥‥15g

煮汁
　だし‥‥1.5カップ
　酒‥‥大さじ1
　みりん‥‥大さじ1
　薄口しょうゆ‥‥大さじ1強
木の芽‥‥適宜

作り方

1 たけのこは穂先と根元に切り分け、根元は7～8mm厚さのいちょう切りにする（写真）。穂先は四～六つ割りにする。わかめは流水で洗い、水につけてもどす。なべに煮汁の材料を合わせ、たけのこを入れて強火にかける。一煮立ちしたらアルミホイルで落としぶたをし、弱火で約12分煮る。

2 食べやすく切ったわかめを加え、落としぶたをして約5分煮る。火を止め、そのまま煮汁にひたして冷まし、味を含ませる。煮汁とともに器に盛り、木の芽をあしらう。

（武蔵）

和風おかずの基本の味24のレシピ

これができれば一人前

和食名人になる第一歩は、永遠の人気を誇る和の定番メニューを覚えることです。まずは、煮る、焼く、蒸す、揚げるなど、基本の技を習得することが肝心。肉じゃがやさばのみそ煮、茶わん蒸しなど、よく知っているメニューを完全マスターすることから始めましょう。はじめに、おおまかな作り方を記した「手順」を読んで、プロセス写真に沿って作れば失敗はありません。

煮物

和食の基本はやっぱり煮物。
素材の扱いと煮汁の特徴さえ覚えれば、
煮物のバリエーションは限りなく広がります。
わが家好みのアレンジが
できるようになれば、しめたもの。

肉じゃが

煮る順番と火かげんに注意して、野菜に肉のうまみをよくしみ込ませるのがコツです。

1人分 **393kcal**
調理時間 **30分**

材料（2人分）

豚こまぎれ肉	100g
じゃがいも	2個（300g）
玉ねぎ	½個
絹さや	4〜5枚
サラダ油	大さじ1
酒	大さじ1.5
だし	1カップ強
砂糖	大さじ1.5
しょうゆ	大さじ2.5
みりん	大さじ1

手順

● **下ごしらえ**
じゃがいもは皮をむき、四つ割りにして水に4〜5分さらし、水けをきる。玉ねぎは7〜8mm幅のくし形に切る。絹さやはさっとゆでて斜めに3つに切る。

● **いためる**
なべにサラダ油を熱して、肉、じゃがいもをいため、玉ねぎを加えていためる。

● **煮る**
酒を振ってだしを注いで煮る。アクをとって、砂糖、しょうゆ、みりんで調味して煮る。

● **仕上げ**
器に盛って絹さやを散らす。

献立アドバイス

煮物とは違う食感が楽しめる揚げ物や、あと口がさっぱりとする酸味のある小鉢物がおすすめ。
「たけのことそら豆の揚げ物」p.87
「かぶのレモンじょうゆ」p.162

定番レシピ

野菜の煮物

煮る

いためる

1 なべにサラダ油を熱して火からおろし、ぬれたふきんの上にのせて肉を加え、菜箸で肉に油をからませて、再び火にかけていためる。こうしていためると肉がなべにくっつかず、きれいにいためられる。

> なべをぬれたふきんの上にのせる！

煮る

2 肉の色が変わったら、じゃがいもの水けをふきながら加えていく。じゃがいもに油がなじんだら、玉ねぎを加えてじゃがいもの表面が透き通るまでいためる。

3 酒を振り入れ、だしを加えて強火で煮る。じゃがいもに竹ぐしを刺して、スッと通るようになるまで中火で煮る。煮立ってきたらアクをとる。

煮る

> じゃがいもがやわらかくなってから調味料を入れる！

4 砂糖、しょうゆ、みりんを順に加え、全体に行き渡るように一まぜする。じゃがいもがかたいうちに調味すると、中まで味がしみないので注意。

5 落としぶた（p.76参照）となべのふたをして15〜16分煮る。なべをときどき揺すって、全体に味を含ませるようにする。

> 煮汁がほぼなくなるまで煮る！

6 煮汁がほとんどなくなるまで煮たら、バットなどにあけて少しおいて、湯げが落ち着いてから器に盛る。少しおくことで、味がさらによくしみ込んでおいしくなる。

さばのみそ煮

生ぐさみが出ないように、煮立った煮汁の中に入れることが大事。みそは風味がとばないように最後に加えます。

1人分 **251kcal**
調理時間 **35分**

材料（2人分）

さば（二枚におろしたもの）	半身1枚
しょうが	20g
わけぎ	3本
昆布	5cm長さ
酒	大さじ2
砂糖	大さじ2
みそ	大さじ2

手順

● **下ごしらえ**
さばは半分に切って皮目に切り目を入れる。しょうがはせん切りにする。わけぎは斜め切りにする。

● **下煮する**
フライパンに水3/4カップ、昆布、酒を入れて煮立たせ、さばの皮目を上にして入れて煮る。しょうがを入れ、アクをとって砂糖を加えて落としぶた（p.76参照）をし、しばらく煮る。

● **みそを加えて煮る**
みそをとき入れ、煮汁が少なくなったら落としぶたをはずし、煮汁をからめながら煮る。最後に、わけぎを加えてさっと煮る。

献立アドバイス

こってりとしたみそ煮には、野菜のシンプルなあえ物と、みそを使わないあっさり汁物が合います。
「きゅうりとささ身の梅あえ」p.163
「豆腐とのりのとろみ汁」p.176

定番レシピ

魚の煮物

下ごしらえ

1 さばは半分に切って、味がよくしみるように皮目に浅く十文字に切り込みを入れる。こうしておくと、火の通りが早く、味がよくしみる。

下煮する

> 煮立った中に入れると生ぐさみが出ない！

2 フライパンに水、昆布、酒を入れて煮立たせ、さばの皮目を上にして入れ、強火で一煮する。皮目を下にすると皮がはがれてきれいに仕上がらないので、必ず上にして入れること。

3 さばの周りが白っぽくなったらしょうがを入れる。再び煮立ったら弱めの中火にしてアクをとる。砂糖を入れて軽くまぜ、落としぶたをして約8分煮る。

みそを加えて煮る

4 小さな容器に煮汁を少量とってみそをときのばし、煮汁に加えてなじませ、落としぶたを戻してさらに約7分煮る。

煮る

> なべを揺すって煮汁を全体にからませる！

5 煮汁が少なくなってきたら落としぶたをはずし、フライパンを揺すって煮汁を全体にからめる。

6 フライパンのあいているところにわけぎを加え、一煮する。長く煮すぎると風味がなくなってしまうので注意する。

豚の角煮

一晩おいて余分な油を抜きます。時間はかかるけれど、その時間の分だけ、絶対おいしい！

1人分 **816kcal**
調理時間 **150分**

材料（2～3人分）

豚バラ肉（かたまり）	600g
ねぎ（青い部分）	10cm
しょうが	1かけ
A 酒	1カップ
水	½カップ
砂糖	大さじ1
しょうゆ	大さじ3
みりん	大さじ4
青梗菜（チンゲンサイ）	大½株
ねりがらし	適宜

手順

● **下ごしらえ**
豚肉は4～5cm角に切る。ねぎはよく洗う。しょうがは皮つきのまま2～3mm厚さに切る。

● **焼く**
熱したフライパンに豚肉を入れ、全体に焼き色をつける。

● **下ゆで後、一晩おく**
たっぷりの水で豚肉、ねぎ、しょうがをゆでる。そのまま一晩おき、とり出して豚肉の脂を洗い落とす。

● **煮る**
Aを合わせて煮立てた中に豚肉を入れて煮る。

● **つけ合わせを作る**
肉を煮ている間に、青梗菜を熱湯でさっとゆでて、冷水にとって冷まし、水けをしぼって食べやすく切る。

● **仕上げ**
器に煮上がった豚肉と青梗菜を盛り、からしを添える。

献立アドバイス

カロリーが高めな角煮には、野菜たっぷりの副菜を添えます。さわやかな梅風味のあえ物と、残り野菜でも作れるすまし汁がぴったり。
「玉ねぎの梅あえ」p.166
「せん切り野菜のすまし汁」p.176

定番レシピ

肉の煮物

焼く

うまみを逃がさないよう肉の表面を焼く！

1 フライパンを熱して豚肉を入れ、強火にかけ、菜箸で転がしながら表面全体に焼き色をつける。

下ゆでする

2 深めのなべに豚肉、ねぎ、しょうがを入れ、たっぷりの水を注いで強火にかける。煮立ったら中火にかけて1時間30分ほどゆでる。

3 豚肉に竹ぐしを刺してみて、スッと通るくらいやわらかくなったら火を止める。

下ゆで後、一晩おく

4 ふたをしてそのまま一晩おく。冷めると、豚肉から出た脂が浮いて白く固まっている。豚肉をとり出して、ぬるま湯で周りの脂を洗い落とす。

煮る

5 Aの調味料と水を合わせて火にかけ、煮立ったら水けをふいた豚肉を入れて中火で煮る。豚肉の断面を下にして入れると味がしみやすい。

ときどき上下を入れかえてまんべんなく！

6 再び煮立ったら、弱火にして落としぶた（p.76参照）をして煮る。途中、ときどき煮汁に当たる面を変えながら、ほとんど煮汁がなくなるまで煮る。

えびとかぶの炊き合わせ

だしをきかせて、しょうゆを控えめにした上品な味つけの煮物です。おもてなしにも活躍する一品です。

下ごしらえ

❶ えびの背を丸めて持ち、2節目の殻のすき間に竹ぐしを入れて背わたをそっと引き抜く。尾と、尾のつけ根の1節を残して、腹側から殻をむく。

煮る

❷ フライパンにAの材料を合わせ、かぶを入れて火にかけ、中火で煮る。煮立ったら、火を弱めてコトコトと10〜15分煮る。途中、上下を返して均一に火を通す。

えびは煮すぎないように注意！

❸ かぶが透き通ってやわらかくなったら、えびを加えて一煮し、火を通す。

手順

● 下ごしらえ
えびは背わたをとって殻をむく。かぶは茎を1〜2cm残して葉を落とし、茎のつけ根の皮をぐるりとむき、縦半分に切る。

● 煮る
フライパンにAを合わせて、かぶ、えびの順に煮る。

材料（2人分）

えび	6尾
かぶ	小4個
A　だし	1.5カップ
酒	大さじ2
砂糖	大さじ1/2
塩	小さじ1/3
しょうゆ	小さじ1
みりん	大さじ1

1人分 **115kcal**
調理時間 **30分**

定番レシピ

魚介と野菜の煮物 — 煮る

いか大根

いかはじっくりと長時間煮ることで、驚くほどやわらかくなります。しょうゆのこっくりとした味がうれしい素朴な煮物です。

材料（2人分）

- いか（おろしたもの） …… 1ぱい分
- 大根 …………………… 600g
- 昆布 …………………… 5cm長さ
- A
  - 酒 ………………… ¼カップ
  - しょうゆ ………… 大さじ1.5
  - 水 ………………… 2カップ

1人分 **179kcal**
調理時間 **60分**

手順

● 下ごしらえ
いかは1.5cm幅の輪切りにする。足は、吸盤をこそげとって2本ずつに切り分ける。大根は、皮をむいて縦半分に切り、2cm厚さの半月切りにする。

● 煮る
フライパンに昆布、Aを合わせて煮立て、いか、大根の順に煮る。

下ごしらえ

❶ いかの胴はペーパータオルなどで水けをよくふき、皮つきのまま1.5cm幅の輪切りにする。

煮る

煮立った中に入れて生ぐさみを防ぐ！

❷ フライパンに昆布とAの材料を入れて強火にかけ、煮立ったらいかを入れて煮る。

❸ 再び煮立ってきたら大根を加え、落としぶた（p.76参照）をし、ときどき上下を入れかえて味をからめる。いかと大根がやわらかくなるまで中火で40〜50分煮る。

かぼちゃの含め煮

かぼちゃの自然な甘みを生かすように、だしとしょうゆでシンプルな味つけに仕上げます。

1人分 **211kcal**
調理時間 **20分**

材料（2人分）

かぼちゃ	450g
だし	2カップ
しょうゆ	大さじ1

手順

● 下ごしらえ
かぼちゃは皮をところどころむいて食べやすく切る。

● 煮る
だしとしょうゆを合わせて煮立て、かぼちゃを入れてやわらかく煮る。

下ごしらえ

❶ かぼちゃはわたと種を除き、ところどころ皮をむいて4～5cm角に切りそろえる。

煮る

❷ フライパンにだしとしょうゆを合わせて中火にかけ、煮立ったらかぼちゃを皮目を下にして入れる。落としぶた（p.76参照）をし、フライパンのふたをして煮る。

火が強すぎると煮くずれの原因に！

❸ 再び煮立ったら弱めの中火にして、かぼちゃがやわらかくなるまで煮る。

野菜の含め煮/煮びたし

煮る

定番レシピ

小松菜と油揚げの煮びたし

かたい茎の部分から先に煮て、葉を最後に加えて火の通りを均一にするのがコツです。

材料（2人分）
- 小松菜……………200g
- 油揚げ……………1枚
- A
  - だし……………1カップ
  - 酒………………大さじ1
  - みりん…………小さじ1
  - しょうゆ………小さじ1
  - 塩………………小さじ¼

1人分 **84kcal**
調理時間 **20分**

手順

●下ごしらえ
小松菜は5cm長さに切る。油揚げは油抜き（p.192）をして食べやすく切る。

●煮る
Aを合わせて、油揚げ、小松菜の茎、葉の順に加えて煮る。

下ごしらえ

❶ 小松菜は根を切り落とし、株の大きいものは十文字に切り込みを入れ、5cm長さに切りそろえる。葉の部分と茎の部分を分けておく。

❷ 油揚げはざるにのせ、熱湯を回しかけて余分な油を抜き、水けをきる。縦半分に切り、端から1cm幅の短冊切りにする。

煮る

茎を入れ、少し時間差をつけて葉を加える！

❸ フライパンにAの材料を合わせ、油揚げを加えて中火で煮る。煮立ったら小松菜の茎の部分を加え、一呼吸おいて葉を加える。全体がしんなりとするまで2〜3分煮、煮汁ごと器に盛る。

焼き物

ビギナー向きのフライパン焼きをはじめ、
ちょっと技アリの魚の網焼きやあこがれの卵焼きなど……
焼き物は、和食の基本中の基本の調理法です。

ぶりの照り焼き

オーブントースターで作る、失敗しない照り焼きです。余分な脂をうまく処理して香ばしく焼き上げましょう。

1人分 **229kcal**
調理時間 **30分**

材料（2人分）
- ぶり……………………2切れ
- A
  - 酒……………………大さじ½
  - しょうゆ……………大さじ1
  - みりん………………大さじ½
- ラディシュ………………2個

手順

● **下ごしらえ**
Aをまぜ合わせる。ラディシュは小さな葉を残して葉をとり除き、縦半分に切る。

● **下味をつける**
ぶりをAにつけて下味をつける。

● **焼く**
オーブントースターでぶりを焼く。焼き上がり直前につけ汁を塗って焼き上げる。

● **仕上げ**
器に盛ってラディシュを添える。

献立アドバイス
口当たりのよい白あえや、汁けをたっぷり含んだ煮びたしを添えて、食感に変化をつけます。つけ合わせには彩りのよい野菜を添えて。
「白あえ」p.72
「きのこの煮びたしのり風味」p.171

50

定番レシピ

魚の焼き物

下ごしらえ

1 バットなど、底の平らな容器にAの調味料を入れてまぜ合わせ、つけ汁を用意する。

下味をつける

裏返して均一に味をしみ込ませる！

2 つけ汁にぶりを重ならないように入れ、15〜20分つけて味をよくなじませる。まんべんなく味がしみるように、途中で上下を入れかえる。

焼く

ぶりから出た脂は、しわしわのホイルがキャッチ！

3 オーブントースターのテンパンのサイズより大きめのアルミホイルを用意し、全体にしわを寄せて、テンパンに敷く。ぶりの脂が落ちてしわにたまり、あと片づけも簡単。

4 ぶりの汁けをきり、さらにペーパータオルなどでよく汁けをふきとる。

焼く

5 アルミホイルを敷いたテンパンにぶりを並べ、オーブントースターに入れて7〜8分焼く。

6 ほぼ火が通ったら残ったつけ汁をスプーンで少量ずつぶりにかけながら全体に塗り、再びオーブントースターに戻して乾かす程度に焼く。これを2〜3回繰り返して、全体に照りよく焼き上げる。

あじの塩焼き

魚は、頭を左、腹を手前に盛りつけるのが基本です。塩かげんと火かげんに注意して姿よく焼き上げましょう。

1人分 **111kcal**
調理時間 **25分**

材料(2人分)

あじ	2尾
塩	大さじ1
大根おろし	150g
すだち	1個

手順

● 下ごしらえ
あじはぜいごをとり、えら、内臓も除き、皮目に切り目を入れる。

● 焼く
塩を振り、焼き網でこんがり焼いて火を通す。

● 仕上げ
器に盛って大根おろしと半分に切ったすだちを添える。

献立アドバイス

焼き魚のシンプルなおかずには、野菜をふんだんに使った副菜を添えます。甘辛味の煮物と、さっぱり味の酢の物なら、味のバランスも◎。
「かぼちゃとひじきの煮物」p.85
「薄切りれんこんとほたての酢の物」p.165

魚の焼き物

定番レシピ

下ごしらえ

1 あじは頭を左にしておき、尾のほうからぜいご（尾に近いところにあるかたい部分）に包丁を入れ、包丁を前後に動かしてとり除く。裏側も同様にする。

2 腹を上に向けて、頭の両脇にあるえらをとる。腹側にあるえらのつけ根をキッチンばさみで切り離し、えらを引っぱり出すようにする。反対側のえらも同様にとり除く。

> 盛りつけたときに見えない面に切り込みを！

3 頭を左、腹を向こうにしておき、胸びれの下1cmくらいのところから、尾に向かって5〜6cmの切り込みを入れる。盛りつけたときに切り込みが見えないように、下になる側の腹に入れるのがポイント。

4 3の切り込みに包丁の刃先を入れ、内臓をかき出してとり除く。

> よく水けをふかないと生ぐさみが残る！

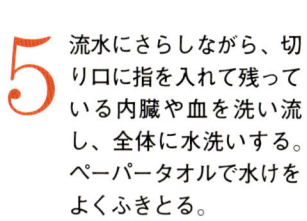

5 流水にさらしながら、切り口に指を入れて残っている内臓や血を洗い流し、全体に水洗いする。ペーパータオルで水けをよくふきとる。

焼く

6 火の通りがよいように、頭を左にしておき、皮目に斜めに浅く3カ所に切り目を入れる。反対側にも同様に入れる。あじを並べて20cmくらい上から塩の半量を全体に振り、裏返して残りの半量を振る。

7 焼き網が赤くなるまで十分に熱し、あじを盛りつけるとき表になる面を下にしてのせる。強火で2〜3分焼いて、焼き色がついたら裏返し、中火にして4〜5分焼いて中まで火を通す。

鶏の照り焼き

鶏肉の両面にこまかい穴をあけて、火の通りをよくし、味もよくしみ込むようにします。その名のとおり、照りよく焼き上げることがポイント。

1人分 **265kcal**
調理時間 **30分**

材料（2人分）

鶏もも肉	1枚（200g）
A しょうゆ	大さじ1
みりん	大さじ1
サラダ油	大さじ½
ししとうがらし	10本

手順

● **下ごしらえ**
鶏肉の両面をフォークで突いておく。ししとうは竹ぐしを刺して1カ所穴をあける。

● **下味をつける**
Aを合わせた中に鶏肉をつけ込み、下味をつける。

● **焼く**
熱したサラダ油でししとうをいためてとり出し、鶏肉を入れて両面を焼き、つけ汁をからめて照りよく焼き上げる。

● **仕上げ**
食べやすく切って器に盛り、ししとうを添える。

献立アドバイス

肉のシンプルな焼き物のときは、副菜に使う素材の種類をふやしてバランスをとります。野菜をたっぷり使って、見た目にも変化を。
「焼き油揚げと水菜のあえ物」p.164
「なすとえのきだけのみそ汁」p.173

肉の焼き物

定番レシピ

下ごしらえ

穴をあけておくと味がよくしみる！

1 鶏肉の両面に2～3cm間隔でフォークを刺して穴をあける。これで、味がよくしみて、火の通りもよく、焼き縮みも防げる。肉の周りに余分な脂がついていたらとり除いておく。

下味をつける

2 しょうゆとみりんをまぜて鶏肉をつけ、手でもみ込むようにして味をなじませる。ときどき上下を返しながらこのまま10分おく。

焼く

3 鶏肉の汁けをきって皮目を下にして、ししとうをとり出したフライパンに入れ、強火で焼きつけ、裏返して焼く。

4 両面にこんがり焼き色がついたら中火にしてふたをし、4～5分蒸し焼きにして中まで火を通す。

つけ汁をからめて照りよく仕上げる！

5 最後にふたをとり、強火にして残ったつけ汁を加え、なべを揺すりながら照りよく焼き上げる。

だし巻き卵

油を塗って卵液を流して焼く作業を3～4回繰り返します。慣れれば簡単、何度も作っているうちに卵焼き名人になれます。

1人分 **196kcal**
調理時間 **25分**

材料（2人分）

卵	4個
A ┌ だし	½カップ
│ 酒	大さじ1
│ 砂糖	大さじ1
│ 塩	小さじ⅓
└ しょうゆ	小さじ⅓
サラダ油	適宜
大根おろし	適宜

手順

●卵液を作る
卵をときほぐし、Aを合わせて加えまぜる。

●焼く
サラダ油を引き、卵液を3～4回に分けて入れ、巻きながら焼く。

●仕上げ
熱いうちにペーパータオルなどに包んで四角く形をととのえ、食べやすく切って器に盛り、大根おろしを添える。

献立アドバイス

卵のおかずはどんな素材ともよく合います。炊き合わせやごまあえなど、和食ならではの組み合わせで楽しんで。
「たけのこと鶏だんごの炊き合わせ」p.86
「絹さやとにんじんのごまあえ」p.166

定番レシピ

卵の焼き物

卵液を作る

1 ボールに卵を割り入れ、菜箸で白身をつまむようにして切り、ボールの底をこするように菜箸を左右に手早く動かして、泡立てないようにときほぐす。この中に、まぜ合わせたAの材料を注ぎ、静かにまぜ合わせる。

焼く

2 卵焼きなべを熱してサラダ油をなじませ、ペーパータオルをたたんで菜箸で持って余分な油をふきとる。卵液の1/4量を流し入れて、なべを回すようにして卵液を全体に広げる。

半熟の状態で向こうに寄せる！

3 半熟状に火が通ったら、菜箸で手前から向こうに巻くようにして寄せる。

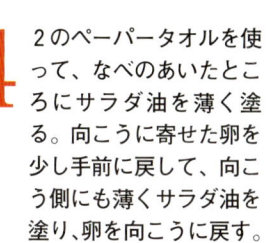

4 2のペーパータオルを使って、なべのあいたところにサラダ油を薄く塗る。向こうに寄せた卵を少し手前に戻して、向こう側にも薄くサラダ油を塗り、卵を向こうに戻す。

焼いた卵の下にも卵液を広げる！

5 手前に残りの卵液の1/3量を流し入れ、向こうに寄せた卵を少し持ち上げて、卵の下側にも流し込んでなべ全体に広げる。

6 半熟状になったら、卵の表面が乾く前に、向こうから手前に巻き込む。このとき、焼いた卵に菜箸1本を差し込んでおくと巻きやすい。残りの卵液を流し、4〜5と同様に焼いて巻く。

蒸し物

蒸し物は、素材自体の繊細な味わいや香りをたいせつにする和食には欠かせないお料理です。
蒸し器がなくてもだいじょうぶ。
いつも使っているなべで、
簡単に失敗なくできる蒸し物を紹介します。

砂出し

❶ 水1カップにつき、塩小さじ1の割合の塩水に、あさりを入れて1～2時間（できれば一晩）おいて砂を吐かせる。殻と殻をこすり合わせるようにしてよく水洗いし、ざるに上げて水けをきる。

蒸す

❷ フライパンにあさりとしょうがを入れて酒を振り入れる。

きっちりとふたが閉まるなべがおすすめ！

❸ ふたをして強火にかけ、ときどきフライパンを揺すりながら、あさりの口があくまで、7～8分蒸す。

あさりの酒蒸し

あさりのうまみや香りを閉じ込めるように、ふたをして蒸し上げます。強火で一気に加熱して、あさりの殻が開けばでき上がり！

手順

● 砂出し
あさりを塩水につけて砂を吐かせ、洗う。

● 蒸す
あさりとしょうがをフライパンに入れて酒を振り、ふたをして蒸す。

● 仕上げ
蒸し汁ごと器に盛ってあさつきを散らす。好みでしょうゆ少々をたらしていただく。

材料（2人分）

あさり（殻つき）	300g
塩	適宜
しょうがの薄切り	1かけ分
酒	1/4カップ
あさつきの小口切り	少々

1人分 **20kcal**
調理時間 **15分**

魚介の蒸し物

白身魚の酒蒸し

定番レシピ

淡泊な白身魚の風味を生かすように薄味で上品に仕上げます。生ぐさみが出ないように、はじめに軽く塩をして水けをふいておくことがたいせつです。

1人分 90kcal
調理時間 25分

材料（2人分）

たら	2切れ
A 塩	少々
A 酒	大さじ2
しめじ	1/2パック
にんじん	3cm
ほうれんそう	2株
昆布	15cm長さ
酒	1/3カップ
ポン酢じょうゆ	適宜

手順

● 下ごしらえ
たらはAで下味をつけて半分にそぎ切りする。しめじは石づきを除いて小房に分ける。にんじんは6枚の輪切りにする。ほうれんそうはゆでて水にとって冷まし、水けをしぼって3〜4cm長さに切る。昆布は水にくぐらせる。

● 蒸す
昆布を敷いて、たら、しめじ、にんじんを入れて酒を振り、ふたをして蒸す。

● 仕上げ
蒸したらと野菜を器に彩りよく盛り、ほうれんそうを添え、ポン酢じょうゆをかけて食べる。

蒸す

下ごしらえ

❶ たらは水洗いして水けをよくふき、Aの調味料を振って下味をつける。水けが残っていると生ぐさみが出るので、しっかりとふきとること。

蒸す

❷ フライパンに昆布を敷いてたらを並べ、あいたところにしめじとにんじんを入れる。

水分はお酒だけ！

❸ フライパンを火にかけ、酒を全体に回しかけてふたをし、強火で蒸す。蒸気が上がってきたら中火にして7〜8分蒸す。

茶わん蒸し

卵液はこしておくとなめらかに仕上がります。すが立たないように、弱火でじっくりと蒸すのがコツです。

1人分 **100kcal**
調理時間 30分

材料（2人分）

卵	1個
えび	6尾
グリーンアスパラガス	4本
生しいたけ	2個
だし	1カップ
A 酒	小さじ1
塩	小さじ1/4
砂糖	小さじ2/3
しょうゆ	小さじ1/2

手順

● 下ごしらえ
えびの殻をむく。アスパラガスは根元のかたい部分を除いて、一口大の斜め切りにする。しいたけは軸を除いて薄切りにする。

● 卵液を作る
だしとAを合わせて冷まし、ときほぐした卵とまぜる。

● 蒸す
器に具を均等に入れ、卵液を注いで蒸す。

献立アドバイス

だしがたっぷりのゆるめの茶わん蒸しは、汁物がわりの一品になります。具だくさんなら、おもてなし用の献立にも。
「和風ローストビーフ」p.140
「三つ葉ののりあえ」p.169

卵の蒸し物

定番レシピ

卵液を作る

1 なべにだしをあたためて、Aの調味料で調味し、人肌程度に冷ます。熱すぎると卵が固まってしまうので注意。

ざるを通すだけでなめらかに仕上がる！

2 ボールに卵をときほぐし、調味して冷ましただしをまぜ、これをあみ目のこまかいざるでこす。

蒸す

3 えび、アスパラガス、しいたけを半量ずつ2客の器に入れ、こした卵液を均等に注ぐ。器は、フライパンの深さとほぼ同じくらいで、耐熱性のものを選ぶ。

蒸す

深めのフライパンを利用して！

4 深めのフライパンに、ペーパータオルを2枚重ねて半分に折って敷き、2～3cm深さまで湯を注ぎ、火にかける。沸騰して蒸気が上がってきたら3の器を入れる。

5 蒸気の水滴が茶わん蒸しの上に落ちないように、乾いたふきんをはさんでふたをし、弱火で蒸す。ふきんはふたの上で結んでおくとよい。

6 13～15分たったらふたをあけて、竹ぐしを刺してみる。その穴から澄んだ汁が上がってくれば蒸し上がっている。濁った汁が出るようなら、もう1～2分蒸す。

揚げ物

しょうゆ風味が香ばしい立田揚げや、おなじみの揚げ出し豆腐、家でもプロ級の味に仕上がる天ぷらなど、毎日の食卓から、おもてなしまで、いろいろなシーンで重宝する和風の定番揚げ物を集めました。

鶏の立田揚げ

立田揚げは、かたくり粉で揚げる和風のから揚げのこと。下味をもみ込んで味を十分なじませてから揚げると、冷めてもおいしく、お弁当おかずにも重宝。

1人分 **428kcal**
調理時間 **30分**

材料（2人分）

鶏もも肉	大1枚（250g）
A　しょうゆ	大さじ1
酒	大さじ1/2
みりん	大さじ1/2
かたくり粉	適宜
揚げ油	適宜
すだち	1個

手順

● 下ごしらえ
鶏肉を一口大に切る。Aをまぜ合わせた中につけておく。

● 揚げる
汁をふき、かたくり粉をつけて揚げる。

● 仕上げ
油をきって器に盛り、半分に切ったすだちを添える。

献立アドバイス

揚げ物には、少し汁けがあって口当たりのよい煮物や、シャキッとした歯ざわりのきゅうりのあえ物などがよく合います。
「もやしと切り昆布の煮物」p.168
「塩もみきゅうりのおかかあえ」p.163

肉の揚げ物

定番レシピ

下ごしらえ

1 鶏肉の余分な脂や皮を切り捨て、両面にフォークを刺して穴をあけ、大きめの一口大に切る。フォークで穴をあけておくと味がよくしみ、火の通りも早い。

下味をつける

2 ボールにAの調味料を合わせて鶏肉を入れ、手でもみ込むように全体に味をからめる。ときどき上下を入れかえながら、約15分おいて味をなじませる。

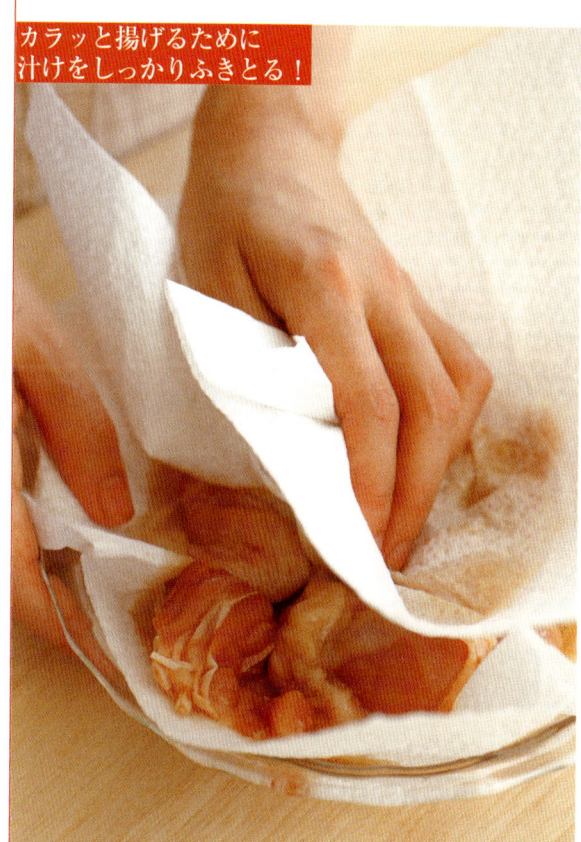

カラッと揚げるために汁けをしっかりふきとる！

3 鶏肉をとり出し、ペーパータオルにはさんで汁けをよくふきとる。

揚げる

4 鶏肉にかたくり粉をまんべんなくまぶしつける。余分な粉がついていると、口当たりが悪くなるので、余分な粉ははたいて落としておく。

5 揚げ油を170〜180度（p.160参照）に熱し、鶏肉を入れて2〜3分揚げ、裏返してさらに3〜4分揚げる。1つとり出して竹ぐしを刺してみて、澄んだ汁が出てくるようなら、火が通っている。

仕上げ

6 ペーパータオルの上にとり出して油をよくきる。

天ぷら

和食といえば、天ぷら。揚げかげんがむずかしそうに思えても、衣と揚げ温度を基本どおりにすれば意外に簡単です。

1人分 **219kcal**
調理時間 30分

材料（2人分）

えび	中6尾
塩	少々
酒	小さじ1
ししとうがらし	4本
れんこんの輪切り（7mm厚さ）	4切れ
かぼちゃのくし形切り（5mm厚さ）	2切れ
A 卵水（卵1個、水、氷1かけ）	1カップ
A 小麦粉	1カップ
揚げ油	適宜
大根おろし、おろししょうが、天つゆ	各適宜

手順

●下ごしらえ
えびは背わたをとり、塩で軽くもんで水洗いする。尾と1節を残して殻をむき、腹側に切り目を入れ、剣先を除いて水けをふきとり、酒を振る。ししとうはへたを少し切り落とし、実の部分に切り目を入れる。れんこんは酢水（分量外）につけてアクを抜く。

●衣を作る
卵と水を合わせ、氷を1かけ加えてまぜ、小麦粉と合わせる。

●揚げる
熱した揚げ油で、えび、野菜の順に揚げる。

●仕上げ
器に敷き紙を敷いて盛り合わせ、大根おろしとおろししょうがを添え、天つゆをつけて食べる。

献立アドバイス

おもてなしに最適な天ぷらに合わせる副菜は、少し濃いめの味つけの煮物や、口当たりのやさしいぬたなどが合います。
「かぶのそぼろあん」p.81
「万能ねぎとハムのぬた」p.169

魚介と野菜の揚げ物

定番レシピ

下ごしらえ

1 えびが丸まらないように、背わたをとって殻をむいたえびの腹側に、2〜3カ所浅く切り目を入れる。

2 えびの尾の中心にあるとがった部分を切り落とす。この部分を剣先という。水けを多く含んでいて、揚げたときに油がはねやすいので必ずとっておくこと。全体の水けもペーパータオルでよくふいておく。

3 ししとうは、空気が抜ける穴がないと、加熱したとき破裂することがあるので、実の部分に包丁で切り目を1本入れておく。

衣を作る

4 衣の卵水は、卵1個を計量カップに入れ、水と氷1かけを加えて1カップになるようにはかる。小麦粉は、計量カップではかったあと、目のこまかいざるなどを通して、ふるいながらボールに入れる。

かきまぜすぎは禁物！

5 小麦粉の入ったボールに卵水を注ぎ、粉のだまが残っているくらいまで菜箸でかきまぜる。かきまぜすぎると衣がべたついて、カラリと揚がらない。

揚げる

衣を軽くきって揚げ油に！

6 揚げ油を中温（p.160参照）に熱し、手でえびの尾を持って衣にくぐらせ、ボールの縁で軽く衣をきるようにして油に入れる。途中で上下を返して、周りの泡がこまかくなったら中まで火が通っている。つづいて、油の温度を少し下げ、水けをふいた野菜をそれぞれ衣にくぐらせて揚げていく。

揚げ出し豆腐

豆腐の水けをしっかりとってから、粉をまぶして揚げます。揚げ始める前に、熱いかけ汁を用意しておきましょう。

1人分 **202kcal**
調理時間 **25分**

材料（2人分）

絹ごし豆腐	1丁
A だし	¾カップ
塩	少々
しょうゆ	小さじ2
みりん	小さじ1
かたくり粉	適宜
揚げ油	適宜
大根おろし	適宜
おろししょうが	少々
あさつきの小口切り	少々

手順

● 下ごしらえ
豆腐は水きりする。大根おろしはざるなどに入れて自然に水けをきる。Aを合わせて一煮立ちさせ、かけ汁を作る。

● 揚げる
豆腐を半分に切ってかたくり粉をまぶし、熱した揚げ油で揚げる。

● 仕上げ
揚げた豆腐を器に盛って熱いかけ汁をかけ、大根おろし、おろししょうが、あさつきをのせる。

献立アドバイス

おつまみおかずとしても人気の「揚げ出し豆腐」。季節の炊き込みごはんや貝の汁物を添えれば、おもてなし風の献立に。
「きのこの炊き込みごはん」p.180
「あさりのみそ汁」p.175

豆腐・野菜の揚げ物

定番レシピ

なすの揚げびたし

少しピリ辛に味つけしたつけ汁に、揚げたてのなすをジュッとつけて味をしみ込ませます。

材料（2人分）
なす	5個
ねぎ	10cm
しょうが	1かけ
A　酢	大さじ3
しょうゆ	大さじ3
酒	大さじ3
砂糖	小さじ2
赤とうがらし	1本
揚げ油	適宜

1人分 **201kcal**　調理時間 **20分**

手順

下ごしらえ
ねぎは小口切り、しょうがはみじん切りにし、Aと合わせてつけ汁を作っておく。なすは皮むき器で2～3カ所縦に皮をむき、縦半分に切って浅く切り目を入れ、横に斜め半分に切る。

揚げる
熱した揚げ油でなすを揚げる。

仕上げ
なすが熱いうちにつけ汁につけて軽くあえ、器に盛る。

下ごしらえ

❶ Aの材料をまぜ合わせて、ねぎとしょうがを加えてまぜておく。

切り目を入れておくと火の通りも早くなる！

❷ なすは火がよく通って味もよくしみるように、縦半分に切って皮目全体に4～5mm幅に浅く切り目を入れ、横に斜め半分に切る。切り目が入っていると口当たりがいい。

揚げる

❸ 揚げ油を170～180度（p.160参照）に熱し、なすを色づく程度に揚げる。菜箸でつかみ、やわらかければ揚がっている。

下ごしらえ

水が流れやすいように、ちょっと斜めにして！

❶ 豆腐をペーパータオルでぴったりと包み、斜めにした台にのせ、皿を重しにして20～25分おいて水けをきる。急ぐときは、ペーパータオルで包んだ豆腐を耐熱容器にのせ、電子レンジで1～2分加熱するとよい。

❷ 豆腐を半分に切って、全体にまんべんなくかたくり粉をまぶす。余分についた粉ははたいて落としておく。

揚げる

❸ 揚げ油を170～180度（p.160参照）に熱し、豆腐を入れて揚げる。豆腐の周りが少しふくらんできつね色になってきたら、とり出して油をきる。

和食の炒め物は、素材をいためてから、
少量のだしと調味料を加えて煮るのが基本。
風味のよいごま油が、
コクのあるおいしさを作ります。

炒め物

いり鶏

調味料を入れたら、中火で煮汁をとばしながらいりつけるのがポイント。照りよく仕上がります。好みで、こんにゃくやごぼうをプラスしても。

1人分 **390kcal**
調理時間 **25**分

献立アドバイス

いり鶏には茶わん蒸しのようななめらかなのどごしの副菜や、逆に歯ざわりのよいあえ物などもよく合います。
「茶わん蒸し」p.60
「キャベツの浅漬け」p.75

68

肉と野菜の炒め物

定番レシピ

材料（2人分）

鶏もも肉	1枚（200g）
にんじん	大1本
れんこん	200g
ごま油	大さじ½
A 酒	大さじ2
水	1カップ
砂糖	大さじ½
塩	小さじ¼
しょうゆ	大さじ1
みりん	大さじ1

手順

●下ごしらえ
鶏肉は一口大に切る。にんじん、れんこんは乱切りにする。

●いためる
フライパンを熱し、鶏肉に焼き色をつけ、にんじん、れんこんを加えていため合わせる。Aを加えて煮汁がなくなるまで煮る。

下ごしらえ

1 鶏肉は一口大に切る。にんじん、れんこんは皮をむき、鶏肉と大きさをそろえて乱切りにする。れんこんは水に7〜8分さらし、水けをきっておく。

いためる

表面を焼いてうまみを閉じ込める！

2 フライパンにごま油を熱し、鶏肉を入れて強火でいため、表面にこんがりと焼き色をつける。

3 にんじん、れんこんを加えていため合わせる。

炒める

4 全体に油がなじんだらAの材料を順に加える。

5 煮立ったら中火にする。ときどき上下を入れかえるようにまぜながら、煮汁がほとんどなくなるまで12〜13分煮る。

強火でさっといため、油がごぼうに
なじんでから調味料を入れるのがポイント。
歯ざわりよく仕上がります。

きんぴらごぼう

下ごしらえ

❶ ごぼうは皮をこそげてささがきにし、水に約15分さらしてアクを抜き、水けをよくきる。

❷ 赤とうがらしはぬるま湯に約5分ひたしてやわらかくもどし、種をとってキッチンばさみで輪切りにする。

いためて煮る

❸ フライパンにごま油を熱し、赤とうがらしとごぼうを入れて強火でいためる。水けがとんで油がなじんだら、Aを加えて中火にする。ときどきまぜながら、煮汁をとばすようにして煮る。

手順

● 下ごしらえ
ごぼうはささがきにし、水にさらす。赤とうがらしはもどして種をとって輪切りにする。

● いためて煮る
ごま油を熱して赤とうがらしと、水けをきったごぼうをいためる。Aを加えて煮る。

材料（2人分）

ごぼう	1本
赤とうがらし	1本
ごま油	大さじ½
A ┌ 酒	大さじ2
│ だし	1カップ
│ 砂糖	小さじ2
│ 塩	小さじ¼
└ しょうゆ	大さじ½

1人分 **103kcal**
調理時間 **20分**

野菜の炒め物

炒める

定番レシピ

切り干し大根のいり煮

ポイントはもみ洗い。切り干し大根のくさみをとり、歯ざわりよく仕上げます。

1人分 **166kcal**
調理時間 **30**分

材料（2人分）
切り干し大根	40g
油揚げ	1枚
赤とうがらし	1本
ごま油	大さじ½
A　だし	2カップ
みりん	大さじ1
しょうゆ	小さじ2
塩	小さじ½

手順

● 下ごしらえ
切り干し大根はもみ洗いして水につけてもどし、水けをしぼる。油揚げは油抜き（p.192）をして細切りにする。赤とうがらしはもどして種をとり、輪切りにする。

● いためて煮る
ごま油を熱して、切り干し大根と油揚げ、赤とうがらしをいためる。Aを加えて汁がなくなるまで煮る。

下ごしらえ

❶切り干し大根は、たっぷりの水に入れてもみ洗いし、水をかえる。これを2～3回繰り返す。ひたひたの水に20～25分つけてもどし、ざるに上げて水けをよくしぼる。

❷油揚げは熱湯をかけて油抜きをし、水けをよくきり、縦半分にして細切りにする。

いためて煮る

❸フライパンにごま油を熱し、切り干し大根、油揚げ、赤とうがらしをいためる。水分がとんで油がなじんだら、Aの材料を加えてときどきまぜ、ほとんど汁がなくなるまで18～20分煮る。

あえ物

覚えたいのは、コクのある合わせ衣と
さっぱりとした合わせ酢。
これに、好きな素材を
組み合わせてあえるだけで、
いろいろにバリエーションは広がります。

白あえ

白あえの敵は水分。豆腐の水きりだけでなく、具材の野菜はからいりして水けをとばします。

1人分 **110kcal**
調理時間 **10分**

材料（2人分）

絹ごし豆腐		1/3丁(100g)
絹さや		30g
にんじん		1/2本
こんにゃく		1/2本
A	だし	1/2カップ
	砂糖	小さじ1
	塩	少々
B	砂糖	小さじ2
	塩	小さじ1/4
	ねり白ごま	大さじ1

手順

●**下ごしらえ**
絹さやは筋をとってさっとゆで、斜め半分に切る。にんじん、こんにゃくは細切りにして下ゆでし、からいりしてAを加えて煮る。

●**豆腐の水けをきる**
豆腐はペーパータオルに包み、軽くしぼる。

●**すりまぜる**
すり鉢に豆腐を入れてすりつぶし、Bを加えてすりまぜる。

●**あえる**
絹さや、にんじん、こんにゃくを加えてあえる。

献立アドバイス

あえ物の中では濃厚な味の白あえ。肉や魚をあっさり味で調理したメインおかずと、青菜を使った汁物などを添えると、栄養のバランスもよくなります。
「あじの塩焼き」p.52
「小松菜入り卵とじ椀」p.177

野菜の白あえ

定番レシピ

下ごしらえ

1 絹さやは筋をとり、熱湯でさっとゆでて湯をきって、斜め半分に切る。

2 にんじん、こんにゃくは細切りにして下ゆでし、湯をきる。なべに入れてからいりし、Aの材料を加えてまぜながら汁けをとばし、冷ましておく。

豆腐の水けをきる

少量の豆腐の水けは、しぼれば簡単！

3 豆腐はくずして、2枚重ねたペーパータオルで包み、軽くしぼって水きりする。しぼりすぎると口当たりが悪くなるので注意。

すりまぜる

4 すり鉢に豆腐を入れ、なめらかになるまですりつぶし、Bの材料を加えてさらにすりまぜる。

あえる

5 絹さやとにんじん、こんにゃくを加えてまんべんなくあえる。あえて時間をおくと水分が出てきてしまうので、食べる直前にあえること。

きゅうりとわかめの酢の物

きゅうりを塩もみして余分な水分を出しておくと、パリパリ感の残る心地よい食感に仕上がります。

1人分 **71kcal**
調理時間 **10分**

材料（2人分）

きゅうり	1本
塩	適宜
カットわかめ（乾燥）	2g
ゆでだこ	100g
A　酢	大さじ1
しょうゆ	小さじ¼
みりん	大さじ½
塩	少々
だし	大さじ1

下ごしらえ

❶きゅうりは縞目に皮をむいて小口切りにし、塩水（水1カップに対して塩小さじ1の割合）に5分ほどつける。わかめは水につけてもどす。たこはそぎ切りにする。

しぼる

❷きゅうりがしんなりしたら、両手でにぎって水けをよくしぼる。わかめも水けをよくしぼる。

あえる

❸Aをまぜて合わせ酢を作り、きゅうり、わかめ、たこをあえる。あえて時間をおくと水けが出てくるので、できるだけ食べる直前にあえること。

手順

● 下ごしらえ
きゅうりは小口切りにし、塩水につける。わかめは水につけてもどす。たこはそぎ切りにする。

● しぼる
きゅうりとわかめは、水けをよくしぼる。

● あえる
Aをまぜて、きゅうり、わかめ、たこをあえる。

定番レシピ

浅漬け

野菜の酢の物／野菜の浅漬け

あともう一品というときに重宝するのが、漬け物です。刻んで漬ければ30〜40分後にはもう食べられる、簡単浅漬けを覚えましょう。

キャベツの浅漬け

めんどうそうに見える漬け物も、やってみると意外に簡単！仕上げに、すりごまやしょうがのせん切りをまぜたら、さっぱり味のあえ物風にも。

1人分 **31kcal**
調理時間 **40分**

材料（2〜3人分）

キャベツ	¼個
にんじん	¼本
青じそ	10枚
みょうが	2〜3個
塩	大さじ1強
いり白ごま	少々

手順

● 下ごしらえ
キャベツは洗ってざく切りにし、水けをきる。にんじんはせん切りにする。青じそは縦半分に切り、横にせん切りに、みょうがは小口切りにし、それぞれ水に放してパリッとさせて水けをきる。

● 漬ける
野菜をボールに入れ、塩を振って全体をまぜ合わせて、手でもみ、重しをして漬ける。

● 仕上げ
水が出てきたら、水けをよくしぼって器に盛りつけ、ごまを振る。

下ごしらえ

❶ キャベツはざく切りにしてざるに上げ、水けをよくきる。水けが残っていると、歯ざわりよく仕上がらない。ほかの野菜も水けをよくきっておく。

漬ける

❷ 大きめのボールにキャベツ、にんじん、青じそ、みょうがを入れて塩を振り入れ、手で押すようにしながらもむ。

❸ 野菜が少ししんなりとしたら、ボールに入るサイズの皿をのせ、缶詰めなどを重しにして30〜40分、水けが出てくるまで漬ける。

もっとおいしく和食！

いまさら聞けない
和風おかずの基本のキホン

毎日のおかず作りで、
わかっているようでわからない……
そんな「？」にお答えします。

Q2 切り身魚の生ぐさみをとる方法は？

A2 ポイントは2つ。まず、生ぐさみのもととなる皮の表面のぬるぬるを包丁でこそげとって洗い流し、水けをふいてから調理します。煮魚の場合は、煮立った煮汁に魚を入れること。調理前に酒を魚全体に振りかけておくことでも、生ぐさみは軽減します。1切れに酒大さじ1が目安です。

Q3 みそ漬けの魚や肉は焦げやすいので、表面のみそを水洗いしてもいい？

A3 水で洗うと魚のうまみが逃げて、水っぽくなってしまうのでNG。また、せっかくのみその香ばしさも失われて風味も半減。切り身を菜箸ではさんでこそげるように落としてください。素材をガーゼなどで包んでからみそ床に漬ければ、みそが直接つかず、じょうずに焼けます。焦げ目がつきすぎるようなら、その部分をアルミホイルでおおって焼くとよいでしょう。

Q4 材料表に白みそ、赤みそと書いてある場合、いつものみそではダメ？

A4 白みそは甘くまろやか、赤みそは濃厚なコクがあり、塩けを強く感じます。こうした味の特徴を補うように調味料をかげんすれば、ふだん使っているみそでもOKです。みその味をみて、白みそに代用するときは砂糖やみりんを多めに加えます。赤みそに代用するときは、しょうゆを少しプラスします。しかし、そもそも風味が異なるみそなので、仕上がりの味に影響します。できる限り指示どおりのみそを使うことをおすすめします。

Q1 落としぶたってなぜ必要なの？

A1 ふつう煮物では、煮汁にひたっているところだけに味がしみるもの。「落としぶた」を使うと、材料の上から煮汁が回るので全体にまんべんなく味がしみます。
木製やステンレス製のものが売られていますが、オーブンシートで簡単に作ることができます。これなら使い捨てできて、衛生的です。作りおきしておくと便利です。

落としぶたの作り方
❶オーブンシートをなべの直径に合わせて正方形に切り、三角形になるように4回折り、なべの大きさに合わせて角を丸く切る。
❷たたんだまま、中心のとがった部分をはさみで切り落とす。
❸三角形の二辺にそれぞれ2～3カ所、小さく三角形の切り込みを入れる。
❹破らないよう、そっと広げる。小なべのときは、中心の穴だけでもOK。

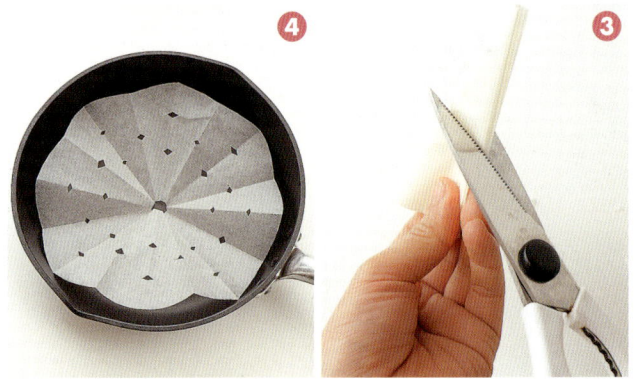

毎日のおかずに困らない

材料別 和風おかず 109のレシピ

今晩のおかずが決めやすいように、材料別に109点の和風おかずをご紹介します。いずれも、家族みんなが飽きずに楽しめて、ごはんによく合う味わいです。
主菜、副菜などの種別と、お弁当おかず、おもてなし、おつまみおかずなど、そのおかずに適した用途も参考に、お役立てください。

にんにくの風味でこってりコクを出す
大根とひき肉のにんにく煮込み

1人分 279kcal　調理時間 30分

主菜に　おつまみおかずに

材料（2人分）
- 大根……………½本（500g）
- 合いびき肉……………150g
- にんにくのみじん切り……………½かけ分
- 大根の葉……………30g
- 塩……………少々
- サラダ油……………大さじ½
- A ┌ だし……………1.5カップ
　 └ しょうゆ、酒……………各大さじ2
- かたくり粉……………大さじ½

●作り方

1　大根は2cm厚さに切って皮をむき、面取り（p.192参照）をして片面に浅く十文字の切り目を入れる。かぶるくらいの水に入れて強火でゆで、よく煮立ったら火からおろして湯をこぼす。

2　大根の葉は、塩を加えた熱湯でゆでて水にとり、こまかく刻んで水けをよくしぼる。

3　フライパンにサラダ油を熱してにんにくをいため、ひき肉をいため合わせ、Aを加えて1のなべに移し、強火にかける。煮立ったら中火にし、ときどき静かにまぜながら約15分煮る。再び強火で少し煮詰め、倍量の水でといたかたくり粉でとろみをつける。器に盛り、2を散らす。

大根のアクやえぐみを、煮る前に下ゆでをする。煮るときは米のとぎ汁でゆでるが、本格的に煮家庭料理なので水からで十分。

和風の野菜おかずは、調理法も味つけも実に多彩です。肉や魚のうまみを足して主菜として活躍するおかずから、野菜そのものを楽しむ副菜まで、和食ならではの野菜の味を紹介します。

野菜

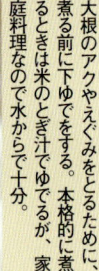

野菜 大根

大根の甘さがほたてのうまみを引き立てる
大根とほたての煮物

1人分 **75kcal**　調理時間 **15分**

副菜に　おもてなしに

材料（2人分）

大根	300g
ほたての水煮缶	小1缶
大根の葉	適宜
しょうゆ	小さじ1/2

●作り方
1　大根は繊維に沿って縦に細切りにし、葉は小口切りにする。
2　なべに大根とほたてを缶汁ごと入れ、水1カップを加えて大根がやわらかくなるまで約10分煮る。煮上がる直前に大根の葉を加えてさっと煮る。
3　最後にしょうゆを加えて香りをつけ、煮汁ごと器に盛る。

**応用を覚えて
レパートリー拡大！**

大根は、うまみのある魚介と相性がよい

ほたての水煮缶にかえて、あさりの水煮缶を使って作ってもおいしい。あさりで作るときは、しょうがや刻みねぎなどの香味野菜を少し加えるとあさりの味が引き立ち、くさみ消しにも。

甘みの強い大根のまん中を使って
大根おろしの豚肉のせ

1人分 **356kcal**　調理時間 **10分**

副菜に　おつまみおかずに

材料（2人分）
豚薄切り肉	200g
大根おろし	4cm分
万能ねぎの小口切り	5本分
削りがつお	5g
A　しょうゆ、酢、水	各大さじ1
サラダ油	大さじ2
みりん	大さじ½
顆粒和風だし	小さじ¼
いり白ごま	小さじ2

● 作り方
1　豚肉は熱湯にくぐらせて1枚ずつ火を通し、冷水にとって冷まし、ざるに上げて水けをきる。Aはまぜておく。
2　大根おろしは軽く水けをきって器に盛る。
3　1の豚肉、削りがつお、万能ねぎを2にのせ、Aをかける。

ふろふき大根よりも簡単！
大根のだし煮・黄身そぼろ

1人分 **164kcal**　調理時間 **30分**

副菜に　おもてなしに

材料（2人分）
大根	大½本（600g）
昆布	7cm長さ
だし	2カップ
むきえび	80g
サラダ油	大さじ½
ねぎの小口切り	¼本分
みそ	大さじ1.5
卵黄	1個分

● 作り方
1　大根は縦4等分してから乱切りにし、約1分下ゆでする。昆布はだしにつけてやわらかくする。えびは背わたをとり、包丁の腹でつぶし、こまかく切る。
2　なべに大根と昆布、だしを入れて火にかけ、煮立ったら中火にして落としぶた（p.76参照）をし、汁けが少なくなるまで約15分煮る。
3　フライパンにサラダ油を熱してえびをほぐしながらいため、ねぎを加えてしんなりしたらみそを加える。よくまぜて火を止め、卵黄を加えて一まぜする。
4　器に昆布を敷いて大根を盛り、3をかける。

やわらかくもどした昆布をだしごとなべに入れて、下ゆでした大根を加えて火にかける。だしのうまみを含ませるために落としぶたを忘れずに。

野菜 — 大根・かぶ

相性のよいひき肉を合わせた定番煮物
かぶのそぼろあん

1人分 **209kcal**　調理時間 **25分**

副菜に　おもてなしに

材料（2人分）

かぶ	4個
A だし	1.5カップ
酒	大さじ2
しょうゆ	大さじ1
砂糖	大さじ½
鶏ひき肉	150g
酒	大さじ1
かたくり粉	小さじ2

●作り方

1　かぶは皮をむいて横に1cm厚さに切る。

2　なべにAを合わせて煮立て、かぶを入れてやわらかくなるまで12〜13分煮る。かぶをとり出して器に盛る。

3　ひき肉に酒を加えてまぜ、2の煮汁に加え、手早くほぐしながら火を通す。アクをとり、同量の水でといたかたくり粉を加えてとろみをつけ、そぼろあんを作る。2のかぶにかける。

ひき肉にあらかじめ酒をまぜておくと、加熱するときにほぐれやすい。手早く菜箸でかきまぜ、煮立ってきたらアクをていねいにとる。

歯ごたえもおいしい！ ししとうの辛みがアクセントに
れんこんと豚肉の炒め煮

1人分 **189kcal**　調理時間 **20分**

副菜に／お弁当おかずに

材料（4人分）
れんこん	2節
酢	少々
豚バラ薄切り肉	100g
ししとうがらし	8本
ごま油	大さじ1
しょうがのせん切り	少々
A　だし	¼カップ
しょうゆ	大さじ2
砂糖、酒	各大さじ1

●作り方
1　れんこんは皮をむいて一口大の乱切りにし、酢水につけ、水けをきる。豚肉は3～4cm幅に切る。ししとうは数カ所に切り目を入れる。

2　ごま油を熱し、豚肉をいため、色が変わったられんこんとしょうがをいため合わせる。

3　Aを合わせて加え、汁けがなくなるまでいためる。ししとうを入れ、さっといためる。

知って得する素材のミニ情報
ししとうがらしは、穴をあけて破裂を防ぐ

まるごと使うときは、中の空気が加熱で膨張して破裂することがあるので、必ず切り目を入れるか、竹ぐしを刺して、穴をあけてから使います。切って使うときは、種を除きましょう。

野菜
れんこん・ごぼう

外はカリッと、中はふんわり！
れんこんの豆腐はさみ焼き

1人分 **135kcal**　調理時間 **20分**

副菜に／お弁当おかずに

材料（2人分）
- れんこん……… 1節（100g）
- 酢…………………………少々
- 木綿豆腐………………… 1/2丁
- 青じそ…………………… 3枚
- A ┌ かたくり粉……大さじ1/2
　　└ しょうゆ………小さじ1
- 小麦粉……………………適宜
- サラダ油………… 大さじ1/2
- ミニトマト……………… 4個

●作り方

1 れんこんは皮をむき、5mm厚さの輪切りにして、酢水にさらす。青じそはみじん切りに。

2 豆腐はペーパータオルに包み、電子レンジで2分30秒加熱して水きりする。手でくずして青じそとAをまぜる。

3 れんこんの水けをふいて小麦粉をまぶし、2切れ1組で**2**を等分にはさむ。サラダ油を熱し、両面を弱火でじっくり焼く。器に盛ってトマトをあしらう。

ベーコンの脂でコクのある煮物に
ごぼうの甘辛煮

1人分 **174kcal**　調理時間 **15分**

副菜に／お弁当おかずに

材料（2人分）
- ごぼう…………………… 1/2本
- 酢…………………………少々
- ベーコン………………… 3枚
- A ┌ 砂糖……………大さじ1/2
　　│ 酒、みりん、しょうゆ
　　└　　　　　……各大さじ1
- いり白ごま………………適宜

●作り方

1 ごぼうは皮をこそげとって太めのささがきにし、酢水にさらしてアクを抜き、水けをきる。ベーコンは1cm幅に切る。

2 なべに**1**を入れ、水1/2カップを加えて煮立て、Aを入れて汁けがなくなるまで煮詰める。

3 器に盛ってごまを振る。

一味とうがらしをピリッときかせて
かぼちゃの煮物

1人分 **125kcal** 調理時間 **20分**

副菜に　おもてなしに

一口大に切った角を薄くそぎとっておくと、形がくずれにくいので煮汁が濁ったりせず、きれいに煮上がる。これが面取り。

材料（2人分）
かぼちゃ		¼個（380g）
A	だし	1カップ
	砂糖	大さじ1.5
	しょうゆ	大さじ1
B	とろろ昆布、削りがつお	各適宜
	一味とうがらし	少々

●作り方

1 かぼちゃは種とわたをスプーンなどでとり除き、一口大に切って面取り（p.192参照）をする。

2 なべにAとかぼちゃを入れ、煮立ったら落としぶた（p.76参照）をして中火で約7分煮る。落としぶたをとり、強火にして汁けがほぼなくなるまで煮詰める。

3 器に盛ってBをまぜてのせ、かぼちゃにからめて食べる。

野菜 かぼちゃ

冷めてもおいしい！ 食べごたえも満点
かぼちゃとひき肉の寄せ揚げ

1人分 **300kcal**　調理時間 **25分**

副菜に　お弁当おかずに

材料（2人分）

かぼちゃ（種とわたをとったもの）	150g
鶏ひき肉	150g
A　ねぎのみじん切り	大さじ2
しょうが汁	小さじ1/2
酒	大さじ1
水	大さじ2
しょうゆ	小さじ1/2
かたくり粉	大さじ1
揚げ油	適宜
大根おろし、しょうゆ	各適宜
レモンの半月切り	2枚

●作り方

1　かぼちゃは5mm角に切る。
2　ボールにひき肉を入れてAを加え、手でよくまぜ合わせ、かぼちゃにかたくり粉をまぶして加え、よくまぜる。6等分して丸くまとめ、平たく形づくる。
3　揚げ油を中温（p.160参照）に熱し、2を入れて弱火でゆっくりと上下を返しながらカリッと揚げる。器に盛って大根おろしをのせ、しょうゆをかけてレモンを添える。

ヘルシーなビタミンや食物繊維がたっぷり
かぼちゃとひじきの煮物

1人分 **213kcal**　調理時間 **25分**

副菜に　おつまみおかずに

材料（2人分）

かぼちゃ	1/8個
大豆の水煮缶	1缶（100g）
芽ひじき	10g
さやいんげん	2〜3本
サラダ油	小さじ1
A　だし	2カップ
酒	大さじ2
みりん	大さじ2
しょうゆ	大さじ1.5

●作り方

1　かぼちゃは一口大に切る。芽ひじきはぬるま湯につけてもどし、水けをきる。いんげんはさっとゆで、斜め切りにする。
2　なべにサラダ油を熱し、かぼちゃ、水けをきった大豆、芽ひじきを順にいため合わせる。
3　Aを加え、ときどきまぜながら汁けがほぼなくなるまで煮る。器に盛り、いんげんを飾る。

鶏のうまみを利用して深い味わいに
たけのこと鶏だんごの炊き合わせ

1人分 **300kcal** 調理時間 **30**分

主菜に　おもてなしに

材料（2人分）
たけのこ	中1個（200g）
鶏ひき肉	200g
パン粉	⅓カップ
酒	大さじ1
卵	1個
A ねぎのみじん切り	10cm分
しょうがのみじん切り	1かけ分
塩	少々
B だし	2カップ
酒	大さじ1
塩	小さじ¼
しょうゆ	小さじ½
みりん	大さじ2
菜の花	4本

●作り方

1 たけのこは根元を1cm厚さの半月切りにし、穂先は形を生かして2～3等分する。

2 パン粉に酒を振り入れてまぜ、ひき肉に加える。卵とAも加えて粘りが出るまでまぜる。

3 なべにBを合わせて火にかけ、2をだんごにまとめて落とし入れる。鶏だんごの色が変わったら1を加え、再び煮立ったら中火にし、アクをとり、ふたをして12～13分煮て味を含ませる。

4 別のなべで菜の花を色よくゆで、水けをしぼって食べやすい長さに切り、3に加えて一煮する。器に盛り合わせて煮汁をかける。

たけのこは縦に2等分し、根元の部分は1cm厚さに切る。穂先はやわらかいので、たけのこの姿を残して少し大きめに切ると見ばえがよい。

野菜 たけのこ

野菜は大きめに切るのがポイント
たけのこと豚肉の炒め煮

1人分 **492kcal** 調理時間 **25分**　副菜に　お弁当おかずに

材料（2人分）
- ゆでたけのこ……………1/2本
- にんじん………………… 1本
- 豚バラ薄切り肉……… 200g
- しょうが………… 大1かけ
- ごま油…………… 小さじ1
- A
  - 酒………………大さじ1.5
  - みりん…………大さじ1.5
  - しょうゆ………大さじ1.5

●作り方
1 たけのこ、にんじんは乱切りにする。しょうがの半量は薄切りにし、残りはせん切りに。
2 なべにごま油を熱し、薄切りしょうがをいため、豚肉を加えて焼き色がつくまでいためる。
3 たけのことにんじんを加えていため合わせ、ひたひたの水を注ぐ。煮立ったらAを加えて落としぶた（p.76参照）をし、ときどきまぜながら汁けがほとんどなくなるまで煮る。器に盛り、しょうがのせん切りを添える。

サクッと軽い衣が野菜の味を引き立てる
たけのことそら豆の揚げ物

1人分 **321kcal** 調理時間 **25分**　副菜に　おもてなしに

材料（2人分）
- ゆでたけのこ……………1/2本
- そら豆（さやから出して）
  ………………………1/2カップ
- A
  - 小麦粉…………1/2カップ
  - かたくり粉……大さじ1
  - ベーキングパウダー
    ………………小さじ2/3
  - 塩………………小さじ1/4
  - サラダ油………大さじ1
- 揚げ油……………………適宜

●作り方
1 たけのこは一口大に切る。そら豆は皮をむく。
2 Aに冷水1/3カップを加えてまぜ、衣を作る。1をそれぞれ衣にくぐらせ、中温（p.160参照）の揚げ油でカラリと揚げる。

えびの風味が淡泊な白菜によく合う
白菜とえびの塩炒め

1人分 **169kcal** 調理時間 **20分**

副菜に／おつまみおかずに

材料（2人分）

白菜	400g
塩	適宜
小えび	150g
しょうがの薄切り	3枚
サラダ油	大さじ1
酒	大さじ1
こしょう	少々
かたくり粉	小さじ1
ごま油	小さじ1

●作り方

1　白菜は軸は縦1cm幅、葉は2cm幅に切る。大きめのボールに入れて塩小さじ2を振ってまぜ、同じ大きさのボールを重ねて水を注いで重しにし、30分ほどおいて、水けをしぼる。

2　えびは背わたをとって殻をむき、1cm幅に切る。しょうがはせん切りにする。

3　なべにサラダ油としょうがを入れていため、えびを加え、色が変わるまでいためる。白菜をいため合わせ、酒を振って水½カップを注ぐ。煮立ったら軽く塩、こしょうし、かたくり粉を倍量の水でといて加えてとろみをつけ、ごま油を振る。

白菜に肉のうまみが移って絶妙なおいしさ
白菜と豚肉の重ね煮

1人分 **423kcal** 調理時間 **45分**

副菜に／おもてなしに

材料（2人分）

白菜	小¼株（約600g）
豚バラ薄切り肉	150g
酒	大さじ3
A にんにくのみじん切り	小さじ1
しょうがのみじん切り	小さじ1
ねぎのみじん切り	小さじ1
B みそ	大さじ3
しょうゆ	大さじ½
こしょう	少々
万能ねぎのざく切り	40g

●作り方

1　白菜は根元を残したまま、葉と葉の間に豚肉を均等にはさみ、たこ糸で全体を巻く。

2　なべに1を入れて酒を振り、水1カップを加えて火にかける。煮立ってきたらAを加えて弱火にし、ふたをして約30分煮る。Bで調味してさらに10分ほど煮て万能ねぎを加え、一煮する。

3　たこ糸を除いて食べやすく切り、器に盛る。

野菜

白菜・キャベツ

なめらかなのどごしがうれしい
キャベツとかに缶の和風ゆでギョーザ

1人分 **130kcal**　調理時間 **15分**

副菜に／おつまみおかずに

材料（2人分）

キャベツ	大1枚
塩	少々
かに缶	1缶（55g）
酒	小さじ1
しょうゆ	小さじ½
ギョーザの皮	8枚
からしじょうゆ	適宜

●作り方

1 キャベツはあらみじんに切り、塩を振ってもみ、水けをしぼる。

2 かに缶は汁けを軽くきってほぐし、酒、しょうゆをまぜる。

3 **1**と**2**を合わせて8等分し、ギョーザの皮で包む。熱湯に入れてさっとゆで、浮いてきたものからすくって、器に盛り、からしじょうゆをつけて食べる。

**応用を覚えて
レパートリー拡大！**

白菜と鮭缶でもおいしくできる

白菜をキャベツと同様に下ごしらえして、汁けをきった鮭缶に軽く下味をつけたものと合わせて具にします。この場合は、しょうがじょうゆや、ポン酢じょうゆがよく合います。

香りのよい、
あっさり味の炒め物
うどといかの和風炒め

1人分 **138kcal**　調理時間 **25分**

副菜に　おもてなしに

材料（2人分）
うど	1本（300g）
いか（おろしたもの）	1ぱい分
A〔塩	少々
酒	小さじ1
かたくり粉	小さじ½
ごま油	大さじ1
木の芽	10〜20枚
塩	少々
しょうゆ	小さじ1

●作り方

1 うどは4〜5cm長さに切り、厚めに皮をむいて5〜6mm角の棒状に切る。水に10〜15分さらし、水けをきる。

2 いかはエンペラをはずして皮をむき、1枚に開いて格子状に切り込みを入れ、一口大に切る。エンペラも皮をむき、足とともに食べやすい大きさに切る。全部合わせてAで下味をつけ、かたくり粉をまぜる。

3 なべにごま油を熱して2をいため、色が変わり始めたらうどを加えていため合わせる。全体に油が回ったら、あらく刻んだ木の芽を加え、塩、しょうゆを加えてさっといためる。

うどはアクが強いので水に放してアク抜きをする。放置しておくと変色して風味も落ちるので、切るときは、そばに水を張ったボールを用意して。

野菜
うど・ししとうがらし・玉ねぎ

しょうゆ味で飽きのこないあっさり味に仕上げる
ししとうとツナの炒め煮

1人分 **89kcal**　調理時間 **15分**

副菜に　お弁当おかずに

材料（2人分）
ししとうがらし	½パック
ツナ缶	小½缶
オリーブ油	小さじ1
A　酒	大さじ½
しょうゆ	大さじ⅔
塩	少々

●作り方
1 ししとうはへたを短く切り、1～2カ所に切り目を入れる。ツナ缶は汁けをきる。
2 なべにオリーブ油を熱し、ししとうをさっといためる。
3 ししとうに油がなじんだら水⅓カップ、A、ツナを加え、まぜながら汁けがなくなるまで中火で煮詰める。

肉のうまみをからめるように、ササッと炒めて
新玉ねぎと牛こまのカレー炒め

1人分 **272kcal**　調理時間 **20分**

副菜に　おつまみおかずに

材料（2人分）
新玉ねぎ	2個（300g）
牛こまぎれ肉	150g
A　塩、こしょう	各少々
カレー粉	小さじ½
酒	小さじ1
サラダ油	大さじ½
B　カレー粉	小さじ½
おろしにんにく	少々
C　塩	少々
しょうゆ	大さじ½
みりん	小さじ1

●作り方
1 牛肉は大きいものは2～3つに切り、Aをもみ込む。
2 玉ねぎは7～8mm幅のくし形に切る。
3 なべにサラダ油を熱して1をいため、肉の色が変わったら、2を加えていため合わせる。玉ねぎが透き通ったら、Bを加えて香りが出るまでいため、Cで調味して一いためする。

ふきの新しいおいしさを再発見！
ふきと豆腐のおかか炒め

1人分 **157kcal**　調理時間 **20分**

副菜に　おもてなしに

材料（2人分）
- ふき………………3本（200g）
- 木綿豆腐…………1丁（300g）
- 塩……………………………適宜
- ごま油……………………大さじ½
- しょうゆ…………………大さじ1
- 削りがつお………………………5g

●作り方

1 豆腐は一口大に切り、ざるに入れて20〜30分おいて水きりする。

2 ふきはなべに入る長さに切ってさっと洗う。たっぷりの塩を振って板ずり（p.192参照）をする。なべに湯を煮立ててふきを2〜3分ゆで、冷水にとって皮をむく。水けをきって3〜4cm長さに切る。

3 フライパンにごま油を熱し、豆腐を焼きつけるようにいためる。焼き色がついたら**2**を加え、塩を軽く振っていため、水けがとんだら、しょうゆを加えていため、削りがつおを加えてまぜる。

ふきはゆでる前に板ずりをしておくと、きれいな色に仕上がる。まないたにのせて塩を多めに振り、手のひらで押しつけるように転がす。

野菜
ふき・なす・わけぎ

なすをごま油で香ばしく炒めて
なすのみそ炒め

1人分 **178kcal** 調理時間 **15分**

副菜に / おつまみおかずに

材料（2人分）

なす		5個
赤とうがらし		1本
A	だし	1カップ
	酒	大さじ2
	砂糖	大さじ2
	みそ	大さじ2
ごま油		大さじ1

●作り方
1　なすは皮を縦に縞目にむいて乱切りにする。赤とうがらしは種をとり、2～3つに切る。
2　Aはよくまぜ合わせておく。
3　フライパンにごま油を熱し、赤とうがらしとなすを入れていためる。なすがこんがりとしたら、**2**を加えて汁けがなくなるまでいためる。

ごはんにのせれば、どんぶり物に変身
わけぎと油揚げの卵とじ

1人分 **159kcal** 調理時間 **15分**

副菜に / おつまみおかずに

材料（2人分）

わけぎ		150g
油揚げ		1枚
A	だし	1カップ
	塩	小さじ¼
	しょうゆ	小さじ2
	みりん	大さじ1
卵		2個

●作り方
1　わけぎは8～9cm長さに切る。根元の太いところは縦半分に切る。
2　油揚げは熱湯をかけて油抜き（p.192参照）をし、細切りに。
3　なべにAを合わせて煮立て、油揚げを入れて中火で5～6分煮て味を含ませる。わけぎを加えてしんなりしたら、卵をときほぐして回し入れ、半熟状に火を通す。

定番おかずもさつまいもで新鮮なおいしさに
さつまいもの肉じゃが風

1人分 **300kcal**　調理時間 **25分**

副菜に　お弁当おかずに

材料（2人分）
さつまいも	1/2本（200g）
牛もも薄切り肉	100g
しらたき	100g
サラダ油	大さじ1/2
A　だし	1カップ
砂糖	大さじ2
しょうゆ	大さじ1.5

●作り方

1 さつまいもは1cm厚さに切って水に約1分さらす。牛肉は食べやすい大きさに切る。しらたきは5cm長さに切って約1分下ゆでする。

2 なべにサラダ油を熱し、中火で牛肉を一まぜする程度にいためる。さつまいもとAを加え、煮立ったら弱火にしてアクをとり、落としぶた（p.76参照）をして5分煮る。

3 なべの隅にしらたきを入れ、さつまいもが煮くずれしないように、なべを少し傾けてしらたきに煮汁をからめるようにして中火で煮る。汁けがほとんどなくなったら火を止める。

さつまいもはアクが強く、切ってからほうっておくと変色して風味も落ちてしまうので、すぐに水にさらすこと。さらす時間は約1分が目安。

野菜 さつまいも・じゃがいも

サクッとした食感が食欲をそそる
じゃがいもとそら豆のかき揚げ

1人分 **355kcal**　調理時間 **30分**

副菜に　おもてなしに

材料（2人分）
- じゃがいも……………… 1個
- にんじん……………… 1/2本
- せり……………… 1/2束
- そら豆（さやから出して）……………… 1/2カップ
- 小麦粉……………… 1/2カップ
- 揚げ油……………… 適宜
- 天つゆ……………… 適宜

●作り方

1 じゃがいも、にんじんはマッチ棒くらいの太さに切り、じゃがいもは水にさらし、水けをきる。せりは1cm長さに切る。そら豆は皮をむく。

2 1をボールに入れ、小麦粉を加えて全体にまぶす。冷水大さじ4を少しずつ加え、ほどよいかたさにまぜる。

3 揚げ油を中温（p.160参照）に熱し、2をスプーンですくって入れ、カラリと揚げる。油をきって器に盛り、天つゆを添える。

食べごたえがあって、香ばしい風味がたまらない
新じゃがと豚バラ肉の甘辛しょうゆ煮

1人分 **750kcal**　調理時間 **35分**

主菜に　お弁当おかずに

材料（2人分）
- 新じゃが……… 8個（400g）
- 豚バラ肉（かたまり）…300g
- A
  - 酒……………… 1/4カップ
  - 水……………… 1カップ
  - 砂糖……………… 大さじ1
  - しょうゆ……… 大さじ2
  - しょうがの薄切り
  　……………… 1かけ分

●作り方

1 豚肉は1.5～2cm厚さの一口大に切る。

2 フライパンを熱して1を焼きつける。周りがこんがりと焼け、脂がとけて出てきたら新じゃがを加えていためる。

3 いもに焼き色がついたら、フライパンにたまった脂をふきとり、Aを加える。落としぶた（p.76参照）をし、ときどきまぜながらほとんど汁けがなくなり、いもがやわらかくなるまで弱火でじっくりと煮る。

定番煮物がこんなに簡単！
里いもとゲソの
こっくりみそ煮

1人分 **302kcal**　調理時間 **15分**

副菜に　おつまみおかずに

材料（2人分）
里いも（冷凍）
　……10〜12個（約250g）
いかゲソ…………2はい分
A ┌ みそ、しょうゆ
　│　………各大さじ1
　│ ごま油………大さじ1
　└ みりん………大さじ2
かたくり粉……………少々
しょうがのせん切り……適宜

●作り方

1 なべに凍った里いもと水½カップを入れ、ふたをして火にかけ、5分ほど蒸し煮にする。

2 いかゲソは2〜3等分に切り分ける。Aはまぜ合わせる。

3 1のなべに2を加え、なべをときどき揺すりながら3〜4分煮る。最後にかたくり粉を水少々でといて加え、軽くとろみをつける。器に盛って、しょうがをのせる。

冷凍の里いもは皮むきなどの下ごしらえをせずにゆでられるので、急いでいるときに便利。少なめの水で、ふたをして蒸すようにゆでする。

組み合わせるおかずは これで決まり！

こってり味には
さっぱり味を添える

甘辛い味の煮物には、あと口がすっきりとする酢の物などがおすすめです。また、煮物の食感がやわらかいので、シャキシャキとした歯ざわりの水菜のおひたしなどもよく合います。

野菜　里いも

これが作れたら煮物名人
里いもの含め煮

1人分 **111kcal**　調理時間 **30分**

副菜に　おもてなしに

材料（2人分）
里いも	10個
塩	適宜
A　だし	2カップ
砂糖	大さじ1
塩	小さじ1/4
しょうゆ	大さじ1

里いもにたっぷりの塩を振り、両手でこするようにしてもんでぬめりを引き出す。こうすることによって味の含みがぐんとよくなる。

●作り方

1　里いもは水で洗って、たわしでこすりながら泥を落とす。よく乾かして皮をむき、たっぷりの塩でもんでぬめりを出し、洗い落とす。

2　なべにAを合わせて強火で煮立たせ、里いもを入れて落としぶた（p.76参照）をし、さらになべのふたをする。

3　再び煮立ったら中火にして、ときどき上下を入れかえるようにまぜ、里いもがやわらかくなるまで15～20分煮る。

油で揚げてコクをプラス、うまみもアップ！
揚げ里いもの
ひき肉あんかけ

1人分 **418kcal**　調理時間 **30分**

副菜に　おもてなしに

材料（2人分）
里いも	600g
塩	適宜
鶏ひき肉	100g
A　酒	大さじ1
水	1.5カップ
B　みりん、しょうゆ	各大さじ2
砂糖	小さじ1
しょうが汁	小さじ1/2
かたくり粉	大さじ1/2
揚げ油	適宜
万能ねぎ	少々

●作り方

1　里いもは皮をむいて塩を振ってもみ、水洗いしてぬめりをとり、水けをふく。万能ねぎは葉先を7～8cm残し、残りは小口切りにする。

2　なべにひき肉を入れ、Aを加えてよくまぜ、火にかけてまぜながら煮る。煮立ったら火を弱めてアクをとり、ふたをして約5分煮る。Bを加えて約3分煮、かたくり粉を水大さじ2でといて加え、とろみをつける。

3　中温より低め（p.160参照）の揚げ油で里いもをやわらかくなるまで揚げ、最後に高温にし、色よく揚げる。器に盛って**2**をかけ、万能ねぎをあしらう。

ごはんにかけても美味！
五目とろろ

1人分 **184kcal** 調理時間 **25分**

副菜に / おもてなしに

材料（2人分）
山いも	250g
酢	少々
A　だし	2/3カップ
塩	小さじ1/5
薄口しょうゆ	小さじ1
まぐろの赤身（刺し身）	50g
薄口しょうゆ	小さじ1/2
きゅうり	1/2本
塩	少々
トマト	小1/2個

●作り方
1 山いもは皮をむいて薄い酢水にさっと通し、こまかい目のおろし金ですりおろし、ボールに入れる。Aをまぜ合わせ、まぜながら少しずつ加えてのばし、冷蔵庫で冷やしておく。
2 まぐろは5mm角に切り、薄口しょうゆをからめる。きゅうりは5mm角に切り、塩を振ってしんなりさせ、さっと水で洗って水けをふく。トマトはへたと種を除いて5mm角に切る。
3 食べる直前に1と2を合わせ、器に盛る。

鶏ひき肉を使ってあっさりと
しいたけの肉詰め焼き

1人分 **143kcal** 調理時間 **25分**

主菜に / おもてなしに

材料（2人分）
生しいたけ	12個
鶏ひき肉	200g
A　卵白	小1/2個分
しょうゆ	小さじ1/3
かたくり粉	大さじ2
水	大さじ1
小麦粉、酒	各少々
サラダ油	大さじ1
あさつき	少々

●作り方
1 ひき肉にAをねりまぜる。
2 しいたけは軸をとり、笠の内側に小麦粉を振って、1をこんもりと詰める。
3 フライパンにサラダ油を熱し、肉を詰めた面から焼く。焼き色がついたら裏返して酒を振り、ふたをして蒸し焼きにする。器に盛り、あさつきを添える。

野菜
山いも・きのこ

きのこの最高においしい食べ方
焼ききのこの辛みそ添え

1人分 **77kcal** 　調理時間 **20分**

副菜に／おつまみおかずに

材料（2人分）
まいたけ、しめじ…各100g
生しいたけ……………4個
ししとうがらし…………50g
ねぎ……………………1本
A ┌ みそ……………大さじ1.5
　├ 砂糖……………小さじ1
　└ 七味とうがらし
　　　　　…………小さじ1/2

●作り方

1　まいたけは食べやすくほぐす。しめじは小房に分ける。しいたけは石づきを除いて、表面に十文字に切り込みを入れ、食べやすい大きさに裂く。

2　ししとうは軸を短く切り、ねぎは3cm長さに切り、それぞれ竹ぐしに刺す。

3　Aはまぜて辛みそを作る。

4　焼き網を強火で熱して、**1**と**2**をのせ、それぞれ2～3分ずつ返しながら焼く。ししとうとねぎの竹ぐしをはずし、器に盛り合わせ、**3**の辛みそを添えてつけながら食べる。

魚介

みそ、しょうゆ、みりんなど、和食ならではの調味料を使って、切り身や小ぶりのいわしなど、扱いやすい魚のおいしさを楽しみましょう。いずれも簡単で手早いのが魅力です。

少量のみそ床を効果的に
さわらのみそ漬け焼き

主菜に　おもてなしに

1人分 **206kcal**　調理時間 **20分**

材料（2人分）

さわら		2切れ
A	みそ	大さじ2
	みりん	大さじ1
	酒	大さじ½
	しょうが汁	小さじ1
はじかみしょうが		2本

●作り方

1　Aを合わせてなめらかにねりまぜ、みそ床を作る。

2　ラップを約30cm長さに切って広げ、1の半量を塗り広げてさわらをのせる。残りの1をさわらに塗ってラップで包み、軽く押さえてなじませる。冷蔵庫に入れて20～30分おく。

3　みそをざっと落としてアルミホイルを敷いたテンパンの網にのせ、220～230度にあたためたオーブンで約12分焼く。器に盛り、はじかみを添える。

みそをラップに塗って切り身を包み込むようにする。少量のみそでも、しっかりと漬けられるうえ、あと始末も簡単。

焦げやすいみそ漬けを焼くときは、温度調節ができるオーブンがおすすめ。それでも焦げるときは、みそをペーパータオルでふきとっても。

魚介 さわら・ぶり

照り焼き風の味つけに磯の香りをプラス
さわらののりまぶし焼き

1人分 **199kcal** 調理時間 15分

主菜に / お弁当おかずに

材料（2人分）

さわら	2切れ
A 酒	大さじ½
みりん	大さじ½
しょうゆ	大さじ1
焼きのり	1枚
グリーンアスパラガス	2本
サラダ油	少々
塩	少々

●作り方

1　さわらは長さを半分に切り、厚みを2等分する。ボールにAを合わせてさわらを入れ、20分おく。

2　のりはこまかいもみのりにする。アスパラガスは根元のかたい皮をむき、長さを3～4等分に切ってサラダ油を塗る。

3　さわらの水けをよくふいて両面にのりをまぶし、アスパラガスとともに、熱したグリルに並べる。弱火で5～6分焼き、裏に返して4～5分焼く。アスパラガスに軽く塩を振り、器に盛り合わせる。

長さだけでなく、厚みを半分に切るのがポイント。漬け時間も短く、火の通りも早くなるから、調理のスピードもアップ！

つるりとした口当たりがたまらない！
ぶりのおろし煮

1人分 **315kcal** 調理時間 20分

主菜に / おもてなしに

材料（2人分）

ぶり	2切れ
ほうれんそう	適宜
大根おろし	⅔カップ
小麦粉	適宜
A だし	1.5カップ
みりん、酒	各大さじ2
砂糖	大さじ⅔
しょうゆ	大さじ2.5
ゆずの皮のせん切り	少々

●作り方

1　ぶりは長さを3つに切る。ほうれんそうは色よくゆでて水けをしぼり、約4cm長さに切る。大根おろしは軽く水きりする。

2　ぶりの水けをふいて薄く小麦粉をまぶす。なべにAを合わせて煮立て、ぶりを入れて落としぶた（p.76参照）をし、中火で3～4分煮る。ほうれんそうと大根おろしを加え、さっと煮る。

3　器に盛り、ゆずを散らす。

魚は焼いてから、かぶと煮るのがコツ
ぶりとかぶのしょうが煮

1人分 **257kcal**　調理時間 **30分**

主菜に／おつまみおかずに

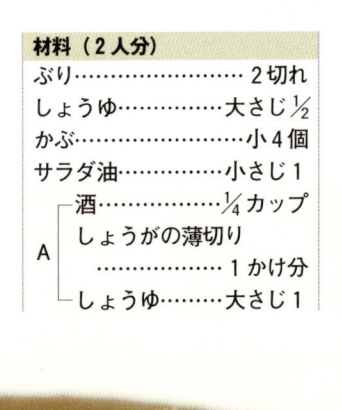

材料（2人分）
ぶり	2切れ
しょうゆ	大さじ½
かぶ	小4個
サラダ油	小さじ1
A　酒	¼カップ
しょうがの薄切り	1かけ分
しょうゆ	大さじ1

●作り方

1 ぶりは1切れを2つに切り、しょうゆをからめる。かぶは茎を1〜2cm残して葉を落とし、縦半分に切る。

2 フライパンにサラダ油を熱し、ぶりを汁けをふいて入れ、両面をこんがりと焼く。

3 水2カップとAを加え、煮立ったらアクをすくう。かぶを加えて落としぶた（p.76参照）をし、かぶがやわらかくなるまで約15分煮る。途中で一度、上下を返すようにまぜる。

短い時間で味がしっかりなじむように、ぶりにはあらかじめしょうゆをからめ、油で両面を焼いてから煮込みスタート。

根菜の中でも、かぶは火の通りが早く、味がよくしみ込むので、大きめに切って使う。茎の根元が汚れていたら、竹ぐしを使ってきれいに洗う。

魚介 ぶり

フライパン一つで本格和風
ぶりの簡単照り焼き

1人分 **357kcal**　調理時間 **10分**

主菜に　お弁当おかずに

材料（2人分）

ぶり	2切れ
塩	小さじ¼
ねぎ	2本
A 酒	¼カップ
砂糖、しょうゆ	各大さじ2
サラダ油	大さじ1
七味とうがらし	少々

●作り方

1 ぶりは塩を振ってしばらくおき、ペーパータオルで水けをふく。ねぎは4cm長さに切る。Aは合わせておく。

2 フライパンにサラダ油を熱し、ぶりを盛ったとき表になるほうから約2分焼き、途中でねぎを加える。焼き色がついたら裏返し、さらに1分焼く。Aを加えて上下を返し、汁が半分になるまで約2分煮詰める。

3 器に盛り、七味を振る。

切り身に振る塩は、余分な水分と生ぐさみを抜くため。表面に出てきた水けをペーパータオルでしっかりふきとるのが、おいしさのコツ。

さっと揚げてから煮てコクを出す
たらときのこのさっと煮

1人分 154kcal　調理時間 30分

主菜に　おもてなしに

皮の表面についているぬめりは、生ぐさみの原因。包丁でこそげるようにしてぬめりをとってから使えば、風味よく仕上がる。

材料（2人分）
- 生だら……………2切れ
- 塩…………………少々
- しめじ……………1パック
- ししとうがらし……4本
- 小麦粉、揚げ油……各適宜
- A
  - だし……………1カップ
  - みりん…………大さじ1
  - しょうゆ………大さじ1.5
  - 砂糖……………小さじ1
- 七味とうがらし……少々

●作り方
1 たらは皮のぬめりを包丁でこそげとって大きめの一口大に切り、薄く塩を振る。しめじは石づきをとって小房に分ける。ししとうは包丁で1カ所に切り目を入れる。

2 たらに小麦粉をまぶす。揚げ油を中温(p.160参照)に熱し、たらとししとうを入れてカラリと揚げる。

3 なべにAを入れ、しめじを2〜3分煮る。しんなりしたら、たらとししとうを加えて一煮する。器に盛り、七味を振る。

応用を覚えてレパートリー拡大！
白身魚を脂身の少ない鶏肉や豚肉にチェンジ

淡泊な白身魚のかわりに、肉を使えばボリュームもさらにアップ！ 鶏の胸肉や豚のヒレ肉などの脂身の少ない部位なら、だしをきかせた和風の味つけにもぴったりです。

魚介 / たら・金目だい

しょうがの風味をきかせた粋な一皿
たらのわかめ蒸し

1人分 **142kcal** 調理時間 **15分**

主菜に / おもてなしに

材料（2人分）

生だら	2切れ
A 酒	大さじ½
塩	少々
わかめ（塩蔵）	40g
しょうが	少々
ねぎ	6cm
B 酒	大さじ1
ごま油	小さじ2

● 作り方

1 たらは骨をとって長さを半分に切り、さらに厚みを2等分にしてボールに入れ、Aをまぜる。わかめはもどして軽く水けをしぼり、縦に細長く切る。しょうがとねぎはせん切りにする。

2 わかめを8等分して縦長におき、手前にたら1切れとしょうがとねぎを等分にのせて巻く。同様にして全部で8個作る。

3 耐熱容器に**2**を並べ、Bを振ってラップをかけ、電子レンジで3〜4分加熱する。器に蒸し汁ごと盛りつける。

甘酢を加えた大根おろしで、揚げ物もさっぱり！
金目だいのから揚げ 甘酢おろし

1人分 **241kcal** 調理時間 **15分**

主菜に / おつまみおかずに

材料（2人分）

金目だい	2切れ
塩、こしょう	各少々
かたくり粉、揚げ油	各適宜
大根	200g
A 酢	大さじ2
砂糖	大さじ½
塩	小さじ¼
青み	適宜

● 作り方

1 金目だいは一口大に切り、塩、こしょうを振ってかたくり粉をまぶす。170〜180度（p.160参照）に熱した揚げ油でカラリと揚げ、油をきる。

2 大根はすりおろして水けをきり、Aを加えてまぜ合わせる。

3 **1**を器に盛り、**2**をかける。木の芽などの青み（p.192参照）を散らす。

酸味と辛みで揚げ物もさっぱりと
鮭の揚げ漬け

1人分 **297kcal**　調理時間 **15**分

主菜に　お弁当おかずに

材料（2人分）
- 甘塩鮭……………2切れ
- 玉ねぎ……………1/2個
- ししとうがらし……15本
- 揚げ油、小麦粉……各適宜
- A ┌ 酢……………大さじ2
　　└ しょうゆ……大さじ1
- 赤とうがらし………1/2本

●作り方
1　鮭は一口大のそぎ切りにする。玉ねぎは横に薄切りに、ししとうは縦に包丁目を入れる。
2　160度（p.160参照）に熱した揚げ油で、ししとうを色鮮やかに揚げてとり出す。鮭に小麦粉をつけて余分な粉をはたいて落とす。油の温度を180度に上げて、鮭を2分ほどカラリと揚げ、よく油をきる。
3　Aに、種を除いて小口切りにした赤とうがらしを加えてまぜ、玉ねぎ、揚げたてのししとう、鮭を加え、しんなりして味がなじむまで漬け込む。

応用を覚えてレパートリー拡大！

野菜をたっぷり使ってもっとヘルシーに

鮭のかわりに小あじや鶏肉を使ってもOK。この場合、色みが足りないので、色鮮やかなにんじんのせん切りや香りのよいみょうがや青じそのせん切りを加えるとよいでしょう。

魚介 鮭

酒蒸しもレンジで簡単に
鮭ときのこの蒸し物

1人分 **140kcal** 調理時間 **15分**

主菜に　おもてなしに

材料（2人分）
- 生鮭 …………… 2切れ
- 塩 ……………… 小さじ½
- 酒 ……………… 適宜
- しめじ、えのきだけ …………… 各1パック
- ねぎ …………… ½本
- にんじん ……… 4cm
- すだち ………… 適宜
- しょうゆ ……… 少々

●作り方

1 鮭は塩をすり込み、酒小さじ2を振って10〜20分おく。しめじは石づきを除いてほぐし、えのきだけは根元を切り落として半分に切る。ねぎは4cm長さに切り、しんを除いてせん切りにする。にんじんもせん切りにする。

2 2つの耐熱容器にねぎのしんを敷いて鮭ときのこを等分に分けておく。ねぎとにんじんをのせ、酒を大さじ½ずつ振りかける。

3 ラップをかけて電子レンジで1人分ずつ約3分加熱し、ラップをかけたまま3〜4分蒸らす。すだちを添え、しょうゆをかける。

器に材料を盛り合わせて酒を振りかけ、ラップをかけて電子レンジへ。耐熱性のない盛りつけ用の器の場合は、耐熱容器に入れて加熱して移す。

鮭の塩けによって、味つけはかげんして
塩鮭と大根のシンプルなべ

1人分 **203kcal** 調理時間 **15分**

主菜に　おもてなしに

材料（2人分）

- 塩鮭（中辛）……………2切れ
- 大根………………………350g
- しめじ……………………1袋
- 三つ葉……………………½束
- A ┌ 酒……………………大さじ2
  └ 薄口しょうゆ………大さじ1

●作り方

1 鮭は骨をとり、1切れを4等分に切る。

2 大根は長いまま皮をむき、皮むき器で薄い帯状に切る。しめじは石づきを除いてほぐす。三つ葉は3cm長さに切る。

3 土なべに水4カップと鮭を入れて火にかけ、煮立ってきたら、Aとしめじを加える。再び煮立ったら、弱火にしてふたをし、約10分煮る。大根を加え、しんなりしたら三つ葉を散らしてさっと煮る。

魚介 / 鮭

濃縮めんつゆを使って、手早く味つけ
鮭とれんこんの炒め煮

1人分 **258kcal**　調理時間 **20分**

主菜に　おつまみおかずに

材料（2人分）
- 甘塩鮭……………… 2切れ
- れんこん…………… 1節
- 万能ねぎ…………… 2本
- サラダ油…………… 小さじ2
- めんつゆ（濃縮3倍タイプ）
  　　　　　　　……… 大さじ1
- 塩…………………… 少々
- 半ずり白ごま……… 大さじ1

●作り方
1　鮭は焼いて骨を除き、身をあらくほぐす。皮は食べやすい大きさに切る。

2　れんこんは皮をむいて丈夫なポリ袋に入れ、軽くたたいてとり出し、手で一口大に割る。万能ねぎは小口切りにする。

3　フライパンにサラダ油を熱してれんこんをいため、表面が透き通ってきたらめんつゆを回し入れて軽くまぜる。鮭を加えていため合わせ、塩で味をととのえて一煮する。器に盛って万能ねぎを散らし、ごまを振る。

れんこんをシャキシャキに仕上げるには、加熱時間を短めに。たたいて割っておくと、さっと煮ただけでも味がよくしみておいしい。

カリカリに揚がったごぼうが香ばしい
いわしのごぼうまぶし揚げ

1人分 **433kcal**　調理時間 **20分**

主菜に　お弁当おかずに

材料（2人分）
いわし	3尾
A ねぎのみじん切り	大さじ2
しょうが汁	小さじ½
酒	大さじ1
しょうゆ	小さじ½
塩	小さじ¼
ごぼう	150g
酢	少々
かたくり粉	大さじ1
かぼちゃ	200g
揚げ油	適宜
すだち	1個

●作り方

1 いわしは手開き（p.192参照）にして皮を除き、こまかくたたく。ボールに入れてAを加え、手でよくねりまぜる。

2 ごぼうは皮をこそげて4cm長さのせん切りにし、薄い酢水にさっと通してざるに上げ、水けをきる。さらに水けをしっかりとふき、ボールに入れてかたくり粉をまぶす。かぼちゃは種とわたをとり、8mm厚さに食べやすく切る。

3 1を手で一口大の棒状ににぎり、2のごぼうを全体にまぶしつける。

4 揚げ油を約160度（p.160参照）に熱し、かぼちゃを揚げる。つづいて3を入れ、ゆっくりとカリカリに揚げる。器に盛り、すだちを半分に切って添える。

魚介 いわし

枝豆の食感がうれしい
枝豆たっぷりのさつま揚げ

1人分 **285kcal** 調理時間 **20分**

主菜に／お弁当おかずに

材料（2人分）

枝豆（ゆでたもの）	1カップ弱
にんじん	1/3本
いわしのすり身	150g
A 玉ねぎのみじん切り	1/4個分
卵白	1個分
しょうが汁、酒	各小さじ1
塩	少々
揚げ油	適宜
しょうゆ、かぼす	各適宜

● 作り方

1　にんじんはあらみじんに切ってラップで包み、電子レンジで40秒加熱する。

2　すり身に枝豆と1、Aを加えてよくまぜる。

3　揚げ油を約160度（p.160参照）に熱し、2をスプーンですくって落とす。浮いてきたらほんのり色づくまで揚げ、油をきって器に盛る。好みでかぼすを添え、しょうゆをつける。

主菜にもなる具たっぷりの汁物
野菜たっぷりのつみれ汁

1人分 **156kcal** 調理時間 **30分**

主菜に／おもてなしに

材料（2人分）

いわし	1尾
A かたくり粉、酒	各小さじ1
みそ	大さじ1/2
ねぎのみじん切り	大さじ1
しょうが汁	大さじ1
大根	3cm
にんじん	1/3本
れんこん	小1節
ごぼう	5cm
昆布	10cm長さ
酢	少々
B 酒	大さじ1/2
しょうゆ	少々
塩	小さじ1/2
刻み三つ葉	少々

● 作り方

1　なべに水2.5カップと昆布を入れ、30分以上おく。

2　いわしは手開き（p.192参照）にして皮を除き、ねっとりするまで包丁の背でたたく。ボールに入れ、Aを加えてよくまぜる。

3　大根とにんじんは細切りにする。れんこんは薄いいちょう切りに、ごぼうは小さめのささがきにし、それぞれ酢水に放す。

4　1のなべに3を入れて強火で約3分煮、2のいわしを食べやすく丸めて落とし、約2分煮てBで調味する。器に盛り、三つ葉を散らす。

香ばしく焼いてから、梅の風味でさっぱりと
焼きさばときのこの梅干し煮

1人分 **200kcal**　調理時間 **25分**

主菜に／おつまみおかずに

材料（2人分）
- さば（二枚におろしたもの）……半身1枚
- 塩……少々
- 梅干し（甘塩）……1個
- 生しいたけ……2個
- えのきだけ……1袋
- ねぎ……1本
- A
  - 薄口しょうゆ……大さじ2
  - みりん……大さじ1
  - だし……1カップ
- しょうが汁……小さじ1

●作り方

1　さばは腹骨を除いて4等分にし、塩を振って約10分おき、熱したグリルでこんがり焼いて火を通す。梅干しは種をとってあらく刻む。

2　しいたけは石づきを除いて2〜3つに切る。えのきだけは根元を除き、長さを半分に切ってほぐす。ねぎは縦半分に切って5mm幅の斜め切りにする。

3　なべにAと2を入れて4〜5分煮、1を加えてさらに1〜2分煮て、仕上げにしょうが汁を加える。

さばは塩を振ってしばらくおくと、余分な水分といっしょに生ぐさみがとれ、身がしまって風味も増す。ほかの青魚を使うときも同様に。

魚介 さば・あじ

塩と酢で身をしめたあじを使って
あじのごま風味焼き

1人分 **248kcal**　調理時間 **25**分

主菜に　おもてなしに

材料（2人分）
- あじ（三枚におろしたもの）……… 3〜4尾分
- 塩……………………… 大さじ2
- しょうがの皮………… 少々
- 酢……………………… 適宜
- 赤ピーマン…………… 2個
- いり白ごま…………… 大さじ3
- いり黒ごま…………… 大さじ1

●作り方

1　あじはざるに並べて両面に塩を振り、10〜15分おく。水で洗って塩を落とし、水けをふいてバットに並べ、しょうがの皮を散らして酢をかぶるぐらいに注ぎ、約30分おく。

2　赤ピーマンは縦半分に切り、へたと種をとる。白ごまと黒ごまは、合わせてまぜる。

3　あじの汁けをふき、2のごまをまぶしてグリルに並べる。赤ピーマンも並べて、強火で4〜5分焼き、裏返してさらに約3分焼く。

4　あじを器に盛り、食べやすく切った赤ピーマンを添える。

あじは両面に白く残るほどたっぷりと塩を振る。短い時間で身をしめ、生ぐさみのある水分が抜ける。この水けをよくふいて、酢でしめる。

仕上げは強火で照りを出すのがコツ
さんまのかば焼き風

1人分 **488kcal**　調理時間 **10分**

主菜に　お弁当おかずに

材料（2人分）
- さんま（三枚におろしたもの）……2尾分
- 小麦粉、塩……各少々
- A
  - 砂糖……小さじ2
  - みりん、酒、水……各大さじ2
  - しょうゆ……大さじ1.5
- サラダ油……適宜
- ししとうがらし……6〜8本
- もやし……70g

●作り方

1 さんまは長さを半分に切り、水けをふいて小麦粉を薄くまぶす。ししとうは切り目を入れる。Aは合わせておく。

2 フライパンにサラダ油大さじ2〜3を熱し、さんまを皮目から入れて両面をカリッと焼く。フライパンの油をペーパータオルでふきとり、Aを加えて強火でさんまにからめる。

3 2を器に盛る。ししとう、もやしをサラダ油少々でいため合わせ、軽く塩を振って盛り添える。

水けをよくふいたさんまに小麦粉を多めにまぶし、手のひらで軽くたたいて余分を落とす。全体に薄くついて、口当たりよく焼き上がる。

魚介
さんま・うなぎ

さんまの香味じょうゆ焼き
下味をつけたさんまに、ごまをまぶして

1人分 428kcal　調理時間 15分

主菜に／おつまみおかずに

材料（2人分）
- さんま……2尾
- ねぎ（青い部分）……10cm
- しょうが……小1かけ
- A ┃ みりん、しょうゆ……各大さじ2
- A ┃ 酒……大さじ1
- いり白ごま……大さじ1
- 青のり……少々
- まいたけ……1パック

●作り方
1　ねぎは斜め薄切りに、しょうがはせん切りにしてポリ袋に入れ、Aを加えてしばらくおく。
2　さんまは頭を切り落として半分に切り、内臓をとって手早く水洗いし、水けをふく。1のポリ袋に入れて口を結び、ときどき上下を返して1時間以上つけておく。
3　さんまの汁けをふいてごまをまぶし、グリルで両面をこんがりと焼いて青のりを振る。まいたけは食べやすくほぐし、強火でさっと焼いて盛り添える。

ポリ袋を使えば、つけ汁は少量でOK。さらに、魚全体にまんべんなく味が行き渡るよう空気を抜いて口を結び、1〜2回上下を返すのがコツ。

うなぎとセロリの南蛮酢あえ
こってりうなぎも、さっぱりおかずに変身

1人分 81kcal　調理時間 10分

副菜に／おもてなしに

材料（2人分）
- うなぎのかば焼き……½くし
- セロリ……½本
- 赤とうがらし……¼本
- A ┃ 酢……小さじ2強
- A ┃ 砂糖……小さじ½
- A ┃ 塩……少々

●作り方
1　うなぎは細切りにする。セロリは筋を除いて短冊切りにし、葉は細切りにする。
2　赤とうがらしは小口切りにし、Aに加えてまぜ合わせる。
3　2に1を加えてあえる。

昔懐かしい、素朴な味わいがかえって新鮮
いかのけんちん煮

1人分 **308kcal** 調理時間 **30**分

主菜に　おもてなしに

材料（2人分）
いか	1ぱい
木綿豆腐	2/3丁
ミックスベジタブル	大さじ3
サラダ油	大さじ1/2
A　酒	大さじ1/2
しょうゆ	大さじ1
とき卵	1個分
B　だし	1.5カップ
みりん	大さじ1
酒	大さじ1/2
薄口しょうゆ	大さじ1.5
水どきかたくり粉	大さじ1

●作り方

1 いかはわたを抜いて中をよく洗い、足はこまかく切る。豆腐はペーパータオルに包んで電子レンジで約2分加熱し、ペーパータオルをかえてさらに2分加熱し、水けをよくきる。

2 サラダ油を熱していかの足、ミックスベジタブルをいため、豆腐を手でちぎって加えていため合わせる。Aを入れ、汁けがなくなるまでいためたら、卵を加えている。

3 2をいかの胴の口から3～4cmのところまで詰めてようじで止める。なべにBを入れて煮立て、いかを入れて転がしながら煮る。いかを食べやすく切って器に盛る。煮汁を少し煮詰めてとろみをつけ、盛りつけたいかにかける。

いかの胴の下を少しめくり、やや内側にある足のつけ根をつまんで静かに引っぱる。足とともにわたをつぶさないようにはずす。

魚介 いか・えび

いかとたけのこのおかか煮
いかとたけのこの食感が絶妙のコンビネーション

1人分 **157kcal**　調理時間 **25分**

主菜に／お弁当おかずに

材料（2人分）

冷凍ロールいか	150g
ゆでたけのこ	150g
絹さや	10枚
だし	½カップ
A　酒	大さじ1
みりん	大さじ2
砂糖	大さじ⅔
しょうゆ	大さじ1.5
削りがつお	1袋（5g）

●作り方

1 いかは表面に浅く格子状に切り目を入れ、3cm長さに切って2cm幅に切る。

2 たけのこは二つ割りにし、根元は1cm厚さの半月切り、穂先は縦2～3等分に切る。絹さやは筋をとり、色よくゆでて水けをきる。

3 なべにだしを煮立ててAを加え、再び煮立てていかを入れ、約3分煮てとり出す。残った煮汁にたけのこを入れて煮立て、ふたをして弱火にし、約10分煮る。いかを戻し入れ、削りがつお、絹さやを入れて汁けがなくなるまで煮る。

えびとひじきのかき揚げ
サクッとした食感を楽しんで

1人分 **345kcal**　調理時間 **25分**

主菜に／おもてなしに

材料（2人分）

むきえび	80g
ひじき（乾燥）	10g
もやし	½袋
A　卵水（卵½個分＋冷水）	½カップ
小麦粉	½カップ
小麦粉	小さじ2
揚げ油	適宜
すだちのくし形切り	適宜

●作り方

1 むきえびは背わたを除いて水けをふく。ひじきは水につけてやわらかくもどし、ペーパータオルなどで包み、水けをよくしぼる。もやしはひげ根をとる。Aの衣はさっくりとまぜ合わせ、冷蔵庫に入れておく。

2 ボールにえび、もやし、ひじきの半量を入れ、小麦粉小さじ1を振り入れてまぜ、衣の半量を加えてさっくりとまぜる。

3 揚げ油を約160度（p.160参照）に熱し、**2**を静かに入れ、2～3分揚げる。残りも同様に揚げる。好みですだちを添える。

簡単だけど味は保証つき
あさりとねぎの煮びたし

1人分 **58kcal**　調理時間 **10分**

副菜に　おもてなしに

材料（2人分）
あさりのむき身	80g
塩	適宜
ねぎ	2本
A　だし	1カップ
酒	大さじ2
塩	小さじ1/4
しょうゆ	小さじ1/2

●作り方
1　あさりは塩水（水1カップに塩小さじ1の割合）で振り洗いして、水けをよくきる。
2　ねぎは1cm幅の斜め切りにする。
3　フライパンにAを合わせて煮立て、ねぎを入れて一煮する。しんなりしたら、あさりを加えて火を通す。汁ごと器に盛る。

あさりは加熱しすぎるとかたくなるので要注意。なべに入れたら、ねぎを入れて煮立てたらさっと一煮するくらいが目安。

魚介
あさり・カキ・まぐろ・たい・甘えび

新鮮なカキを使ってあっさり酢の物に
カキのおろしあえ
1人分 **80kcal**　調理時間 **10分**

副菜に　おもてなしに

材料（2人分）
カキ（むき身）	200g
塩	少々
万能ねぎの小口切り	2本
A　砂糖	小さじ 2/3
大根おろし	1/2カップ強
酢	大さじ2
薄口しょうゆ	小さじ1
刻みのり	少々

●作り方
1 カキはボールに入れて塩を振り、軽くもむようにしてぬめりをとり、ざるに移して流水で振り洗いをする。
2 沸騰した湯にカキを入れてさっとゆで、身がふっくらとしたらすぐにざるに上げて水けをよくきる。
3 Aはまぜ合わせて、食べる直前にカキと万能ねぎをあえる。器に盛ってのりをのせる。

とうがんのかわりにきゅうりでも。簡単なのに趣のある一品
刺し身ととうがんの
ごまあえ
1人分 **200kcal**　調理時間 **5分**

副菜に　おつまみおかずに

材料（2人分）
まぐろ（刺し身）	80g
たい（刺し身）	60g
甘えび（刺し身）	50g
とうがん	150g
塩	小さじ 1/2
A　ごま油	小さじ1
切り白ごま	大さじ2
塩	少々
みりん	小さじ 1/2

●作り方
1 とうがんは種をとって皮をむき、一口大の薄切りにして塩を振る。手でもんでしんなりさせ、水洗いして水けをしぼる。
2 まぐろ、たい、甘えびに1を合わせ、Aであえる。あればサラダ菜を敷いて器に盛る。

ヘルシーな茎わかめを甘辛く炒めて
茎わかめと鶏肉の炒め煮

1人分 **336kcal**　調理時間 **25分**

主菜に／お弁当おかずに

材料（2人分）

茎わかめ（塩蔵）	100g
鶏もも肉	200g
ゆでたけのこ	100g
サラダ油	大さじ1
酒	大さじ1
だし	1/2カップ
A みりん	大さじ2
砂糖	大さじ1/2
しょうゆ	大さじ2

茎わかめはさっと洗い、たっぷりの水に2時間ほどひたし、やわらかくもどす。塩けが抜け、シャキシャキとした歯ざわりになる。

●作り方

1　茎わかめは水でもどし、4cm長さに切る。

2　鶏肉は2〜3cm角に切る。たけのこは縦2つに切り、横1cm厚さに切る。

3　なべにサラダ油を熱し、鶏肉を入れて両面を焼きつけ、茎わかめ、たけのこを加えていためる。酒を振り、だしを加えて一煮立ちさせ、Aを加えて再び煮立ってきたら弱火にし、ふたをして10〜15分煮る。

知って得する素材のミニ情報

海藻の旬は春。季節の味を楽しんで

春になると生わかめや生ひじきなど、新鮮な海藻類が出回ります。これらは水洗いするだけで手軽に使え、もどし時間も不要。やわらかさ、風味など、乾燥や塩蔵のものとはひと味違います。

海藻
茎わかめ・生ひじき

ミネラルの豊富なひじきがたっぷり食べられる
生ひじきと鶏ひき肉の寄せ焼き

1人分 **240kcal**　調理時間 **25分**

主菜に　お弁当おかずに

材料（2人分）
- 生ひじき……………150g
- かたくり粉…………大さじ1
- 鶏ひき肉……………200g
- A
  - ねぎのみじん切り……大さじ3
  - しょうが汁…………小さじ½
  - みそ…………………大さじ2
  - 酒……………………大さじ1
- ブロッコリー………¼個

●作り方

1 生ひじきは洗ってざるに上げて水けをきり、ペーパータオルで水けをふく。ボールに入れ、かたくり粉をまぶす。別のボールにひき肉とAを入れてよくまぜ、かたくり粉をまぶしたひじきを加えて、さらにねりまぜる。

2 オーブントースターのテンパンにオーブンシートを敷き、**1**を約1.5cm厚さにのばす。熱したオーブントースターに入れて約15分焼く。ブロッコリーは小房に分けて色よくゆでる。

3 **2**の寄せ焼きを食べやすく切って器に盛り、ブロッコリーを添える。

ひき肉にひじきを加えたら、手でしっかりとねるようにしてまぜる。こうすると、肉に粘りが出てくずれにくくなる。

強火で一気に焼いて、おいしい肉汁を閉じ込めて
豚肉のしょうが焼き

1人分 **388kcal**　調理時間 **20分**

主菜に　お弁当おかずに

材料（2人分）
- 豚ロース肉（しょうが焼き用）……200g
- しょうが……1かけ
- A ┌ しょうゆ……大さじ1.5
　　├ 酒……大さじ1
　　└ みりん……大さじ1
- サラダ油……大さじ½
- トマトのくし形切り……2切れ

●作り方

1　豚肉は筋切り（p.192参照）をする。しょうがはすりおろし、Aとまぜ合わせる。

2　豚肉を広げて1のつけ汁につけ、全体にからめて約10分おく。

3　フライパンにサラダ油を熱し、豚肉の汁けを軽くきって1枚ずつ広げて入れ、強火で焼く。両面に焼き色をつけ、残ったつけ汁を加えて全体にからめながら火を通す。器に盛ってトマトを添える。

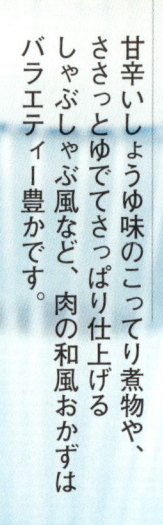

豚肉は1枚ずつ広げて入れ、まんべんなく味がからまるようにする。途中、裏返して10分ほどつけ込むとよく味がなじんで、冷めてもおいしい。

甘辛いしょうゆ味のこってり煮物や、ささっとゆでてさっぱり仕上げるしゃぶしゃぶ風など、肉の和風おかずはバラエティー豊かです。

肉

肉 / 豚肉

さわやかなさんしょうの辛みが豚肉にぴったり！
豚肉のさんしょう焼き

1人分 **272kcal**　調理時間 **20分**

主菜に　おもてなしに

材料（2人分）
- 豚ロース肉（切り身）……2枚
- 塩……………………………少々
- 粉ざんしょう………………適宜
- ミニトマト…………………適宜

●作り方
1　豚肉は脂身の境目に数カ所切り込みを入れて筋切り（p.192参照）をし、塩は軽く、粉ざんしょうはたっぷりと振る。
2　オーブントースターをあたため、オーブントースターのテンパンにアルミホイルを敷いて肉をのせ、14～15分こんがりと焼いて中まで火を通す。
3　肉を食べやすく切り分けて器に盛り、ミニトマトを添える。

厚切りのロース肉は、そのまま焼くと肉が縮まって、変形してしまうので、赤身と脂身の間に包丁を刺して短く切り込みを入れ、筋切りをする。

知って得する素材のミニ情報

さんしょうは、和風スパイスの代表格

さわやかな香りと辛みが特徴のさんしょうは、和食ならではの香辛料です。木の芽や実なども利用しますが、使いやすいのは粉ざんしょう。焼き物など、一振りするだけで和風の味わいに。

甘辛いみそでこってりと煮た素朴なおいしさ
豚肉と里いものみそ煮込み

1人分 **741kcal**　調理時間 **80分**

主菜に　おつまみ・おかずに

材料（4人分）
- 豚バラ肉（かたまり）…600g
- 里いも……………………8個
- 酒……………………½カップ
- A ┌ 砂糖…………大さじ3
　 │ みそ…………大さじ6
　 └ しょうゆ……大さじ2
- ゆずの皮のせん切り……少々

● 作り方

1　豚肉は3cm角くらいに切る。里いもは皮をむき、2～3等分に切る。

2　なべに豚肉とかぶるくらいの水、酒を入れて火にかけ、煮立ったらアクをすくい、弱火にして肉がやわらかくなるまで約1時間煮る。

3　里いもを加え、やわらかくなるまでさらに煮る。Aを加え、煮汁が少し残るくらいまで煮込む。器に盛り、ゆずの皮を散らす。

肉 / 豚肉

厚めに切った豚肉で食べごたえも満点
豚肉ときのこの梅風味煮

1人分 **397kcal**　調理時間 **30**分

主菜に / お弁当おかずに

材料（2人分）

豚肩ロース肉（とんかつ用）	2枚
ねぎ	1本
きのこ（生しいたけ、しめじなど）	400g
サラダ油	大さじ1
A しょうがの薄切り	2枚
赤とうがらし	1本
B 酒	大さじ3
水	1/2カップ
梅肉	2個分
しょうゆ	大さじ1

●作り方

1 豚肉は1枚を4等分に切る。ねぎは3cm長さに切る。
2 しいたけは石づきをとり、大きいものは半分に切る。しめじは石づきをとって、食べやすくほぐす。
3 フライパンにサラダ油の半量を熱し、豚肉とねぎを入れ、中火で両面を焼きつけてとり出す。残りの油を加え、**2**とAを入れてしんなりするまでいためる。豚肉を戻し入れてBを加え、ふたをして弱火で10～15分煮、ねぎも戻し入れて一煮する。

昆布もたっぷり食べられる、ヘルシーな一品
豚肉と昆布の炒め煮

1人分 **292kcal**　調理時間 **20**分

主菜に / おつまみおかずに

材料（2人分）

豚肩ロース薄切り肉	150g
昆布	10g
さやいんげん	80g
塩	少々
サラダ油	大さじ1/2
三温糖	大さじ3
しょうゆ	大さじ1
しょうが汁	小さじ1

●作り方

1 昆布は2cm角に切り、水1カップにつけておく。肉は食べやすい大きさに切る。さやいんげんはへたを切り、塩ゆでして水にとり、水けをきる。
2 なべにサラダ油を熱して肉をいため、肉に半分くらい火が通ったら、三温糖を振りまぜる。肉に完全に火が通ったら、昆布をつけ汁ごと加え、強火で煮る。煮立ったら中火にしてアクをとり、さらに煮る。
3 煮汁が半分になったら、しょうゆを加え、再び強火にしてなべの隅にいんげんを入れ、汁がなくなるまで煮詰める。しょうが汁を加え、火を止める。

知って得する　素材のミニ情報

三温糖はこってり味の煮物にぴったり！

三温糖は精製度の低い、薄茶色をした砂糖です。いつも使っている上白糖よりも甘みが強いので、濃いめの味に仕上げる素朴な煮物に使われます。含め煮など薄味の煮物には不向きです。

シャキッとしたレタスの食感が新鮮!
豚肉とレタスの ごまだれしゃぶしゃぶ

1人分 **434kcal** 調理時間 **5**分

主菜に おもてなしに

材料（2人分）
- 豚薄切り肉しゃぶしゃぶ用 …………………… 200g
- レタス ………………… 1個
- ねりごま ……………… 30g
- A
  - 砂糖 ………… 小さじ½
  - しょうゆ、だし…各25ml
  - 煮きりみりん ……… 25ml
- 鶏ガラスープのもと … 小さじ2

●作り方
1. レタスは1枚ずつはがし、大きめにちぎる。
2. ねりごまにAを順に少しずつ加えてまぜ、ごまだれを作る。
3. なべに水5カップと鶏ガラスープのもとを入れて火にかけ、煮立ったら、豚肉を1枚ずつ入れ、レタスを加えてさっと煮る。火が通ったらとり分け、2につけて食べる。

★煮きりみりんは、倍量のみりんを約半量になるまで煮詰めて作る。

締めくくりはおじや。残った煮汁にごはんを加え、さっと煮て塩、こしょうと、万能ねぎの小口切りを加え、とき卵を回し入れます。半熟くらいが食べごろ。

大皿にレタスと豚肉を盛り合わせて卓上へ。あとはなべにスープを煮立たせて準備万端。豚肉は、各自が箸でとりやすいように1枚ずつにほぐしておくと親切です。

野菜もたっぷり食べられる
豚のしゃぶしゃぶ風サラダ

1人分 **119kcal** 調理時間 **10分**

主菜に／おつまみおかずに

材料（2人分）
- 豚しゃぶしゃぶ用薄切り肉 …………… 100g
- ねぎ …………… 1/4本
- 大根 …………… 5cm
- わかめ（塩蔵） …………… 20g
- きゅうり …………… 1/3本
- A ┬ しょうゆ、酢 …………… 各小さじ1
    ├ ごま油 …………… 小さじ1
    └ 塩、こしょう …………… 各少々

●作り方
1 なべにたっぷりの湯を沸かし、豚肉を1枚ずつ広げてゆでる。ゆで上がったら冷水にさらし、ざるに上げて水けをきる。

2 ねぎと大根は5cm長さのせん切りにし、水にさらしてパリッとさせ、水けをきる。わかめはもどして3cm長さに切る。きゅうりは縦半分に切り、5cm長さの短冊に切る。Aはまぜ合わせてたれを作っておく。

3 器に2の野菜とわかめを盛り、周りに1をのせ、たれをかける。

湯をたっぷり用意し、よく煮立ったところへ1枚ずつ入れ、火が通って全体の色が変わったものから冷水にとり出し、急激に冷ますのがコツ。

先に表面を焼いて
肉のくさみをカット！

スペアリブと大根のおでん

1人分 **460kcal** 調理時間 **45分**

主菜に / おつまみおかずに

材料（2人分）

スペアリブ	小6本
昆布	8cm長さ
大根	300g
にんじん	60g
酒	大さじ1
塩	小さじ1 2/3
あらびきこしょう	適宜
粒マスタード	適宜

●作り方

1　スペアリブはグリルか焼き網で、表面に薄く焼き色がつくくらいまで焼く。

2　昆布は水5カップにつけてもどし、4つに切る。もどし汁はとっておく。大根は皮をむいて1.5cm厚さの半月切りにし、片面に包丁で十文字の切り目を入れる。にんじんは細長い乱切りにする。

3　なべに2の昆布ともどし汁、1、大根を入れて火にかけ、煮立ったらアクをすくい、約15分煮る。にんじんと酒、塩を加え、野菜がやわらかくなるまでさらに15分煮る。こしょうを振って汁ごと器に盛り、粒マスタードを添える。

スペアリブは煮込む前に、表面全体に焼き色をつけておくと香ばしく、さらに、余分な脂が抜けるため、肉くささがとれて風味よく仕上がる。

肉 / 豚肉

調味料はなんと
お酒だけ！

豚肉と白菜の重ね蒸し

1人分 **484kcal**　調理時間 **35**分

主菜に　おもてなしに

材料（2人分）
豚バラ薄切り肉	200g
白菜	1/4株（500g）
ねぎ	1/2本
しょうが	1かけ
酒	1/2カップ
ポン酢じょうゆ	適宜

●作り方

1　豚肉は長さを3等分する。白菜は葉と軸に切り分け、葉は大きめのざく切りにし、軸は一口大のそぎ切りにする。ねぎは斜め薄切りにする。しょうがはせん切りにする。

2　なべに白菜の軸、豚肉の順に並べ入れ、ねぎ、しょうがを均等に散らし、白菜の葉も重ねて入れ、これを繰り返し重ねて入れる。

3　酒を回しかけてふたをし、中火にかける。煮立ってきたら、弱火にして約25分蒸し煮し、ポン酢じょうゆで食べる。

白菜は葉と軸を分けて、軸のほうからなべに入れ始め、肉を重ね、野菜をはさみながら葉をのせていく。これで白菜の火の通りが均一に。

揚げたてにレモン汁をかけてさっぱりと
豚肉と野菜のくし揚げ

1人分 **540kcal**　調理時間 **30分**

主菜に　おつまみおかずに

材料（2人分）
- 豚ロース薄切り肉……… 8枚
- さつまいも……………… 40g
- 長いも…………………… 40g
- まいたけ………………… 1/3パック
- えのきだけ……………… 1/2袋
- 塩、こしょう…………… 各少々
- 小麦粉、とき卵、パン粉、揚げ油………………… 各適宜
- レモンのくし形切り…… 2切れ
- A ┬ 中濃ソース……… 大さじ2
　　├ しょうゆ………… 大さじ1
　　└ いり白ごま……… 少々

●作り方

1 さつまいもは皮つきのまま、長さを豚肉の幅に合わせて縦に5mm角の棒状に切り、水にさらす。耐熱容器に並べ、ラップをふんわりとかけて電子レンジで約1分30秒加熱する。

2 長いもは皮をむいて同様に棒状に切る。まいたけは小房に分け、えのきだけは根元を切り落としてほぐす。

3 豚肉を縦に広げて塩、こしょうし、さつまいもとまいたけ、長いもとえのきの2種類を組み合わせ、手前において巻く。小麦粉、とき卵、パン粉の順に衣をつけ、竹ぐしに2種ずつ刺す。

4 低温（p.160参照）の揚げ油で3～4分揚げ、中温にしてカラッと揚げる。器に盛り、レモンとまぜ合わせたAを添える。

さつまいもは火が通りにくいので加熱して、まいたけと組み合わせる。長いもは生のまま、しめじと組んで、それぞれ豚肉でくるくると巻く。

肉 / 豚肉

薄切り肉を焼き鶏風に
豚肉の野菜巻き焼き

1人分 **216kcal**　調理時間 **15**分

主菜に／おつまみおかずに

材料（2人分）

豚薄切り肉	大4枚
塩	適宜
グリーンアスパラガス	2本
ねぎ	½本
生しいたけ	2個
小なす	2個
ミニトマト	4個
レモンのくし形切り	2切れ

●作り方
1　豚肉は広げて長さを半分に切り、塩少々を振る。
2　アスパラガスは根元を除き、5cm長さに切ってゆでる。ねぎは5cm長さに、しいたけは軸をとって4つに切る。小なすは四つ割りにする。
3　1の肉で2の野菜をそれぞれ巻き、2個ずつ、巻き終わりに竹ぐしを刺し、上から塩少々を振る。オーブントースターに並べて、少し焦げ目がつくくらいまで焼く。器に盛り、ミニトマトとレモンを添える。

甘辛いだしを含んだ厚揚げがジュワッとおいしい
豚バラ肉と厚揚げの和風炒め煮

1人分 **454kcal**　調理時間 **20**分

主菜に／お弁当おかずに

材料（2人分）

豚バラ薄切り肉	100g
厚揚げ	1枚
にんじん	1本
サラダ油	大さじ½
A　だし	2カップ
みりん	大さじ3
しょうゆ	大さじ2

●作り方
1　豚肉は5cm長さに切る。厚揚げは一口大にちぎる。にんじんは乱切りにして約1分下ゆでし、同じ湯に厚揚げを加え、さっと煮立たせてざるにとる。
2　なべにサラダ油を熱し、肉を入れて中火で軽くいため、水1カップを注ぎ、煮立ったら湯を捨てる。
3　にんじん、厚揚げ、Aを2のなべに入れ、煮立ったら中火にして落としぶた（p.76参照）をして約10分煮る。

ふっくら蒸し焼きにして、香ばしいたれで
鶏もも肉の蒸し焼き 薬味だれ

1人分 **305kcal** 調理時間 **20分**

主菜に / おつまみおかずに

材料（2人分）
鶏もも肉	1枚（200g）
A 塩	少々
酒	大さじ1
サラダ油	大さじ½
酒	大さじ1
B ねぎのみじん切り	5cm分
しょうがのみじん切り	1かけ分
しょうゆ	大さじ1
切り白ごま	大さじ1
砂糖	小さじ1.5
酢	大さじ1
ごま油	小さじ½

●作り方
1　鶏肉は両面をフォークで刺して穴をあけ、Aを加えてもみ込むようにして下味をつける。
2　フライパンにサラダ油を熱して鶏肉を皮目を下にして入れ、強火で焼きつける。こんがりとしたら、酒を振り入れてふたをし、中火で7〜8分蒸し焼きにして火を通す。
3　Bはまぜ合わせて薬味だれを作る。鶏肉のあら熱がとれたら、一口大に切って器に盛り、薬味だれをかける。

カリッと仕上げたい皮目のほうから強火で焼き始め、こんがりと焼き色がついたら裏返して焼く。火が弱いと肉汁が逃げてしまうので注意。

両面に焼き色がついたら、酒を回しかけてすぐにふたをして蒸し焼きにする。酒を振ると肉のうまみが引き出され、やわらかく仕上がる。

肉 / 鶏肉

焼きかげんが決め手！弱火で香ばしく
鶏肉と根菜のみそ漬け焼き

1人分 **297kcal**　調理時間 **20分**

主菜に／お弁当おかずに

材料（2人分）

鶏胸肉	1枚
ごぼう	1/4本（80g）
にんじん	1/4本
A　みそ	60g
みりん	大さじ2
しょうが汁	大さじ1/2

●作り方

1　鶏肉は4枚のそぎ切りにする。ごぼうは5cm長さに切って水に1分さらし、5分ゆでて湯をきる。あら熱がとれたら、びんなどで軽くたたいてひびを入れる。にんじんは縦4〜8等分に切り、約1分ゆでて湯をきる。

2　Aは合わせて1の材料を20分漬け込む。

3　グリルを弱火であたため、みそをしごきとった鶏肉を網にのせ、両面を約8〜10分焼く。ごぼう、にんじんもそれぞれ同様に焼く。

みそ、みりん、しょうが汁をまぜて、材料を漬け込むだけ。ごぼうにひびを入れたり、下ゆでするのは、漬け込む時間や焼く時間を短縮するため。

あっさりとした薄味の煮汁で煮含めて
鶏手羽元とかぶの煮物

1人分 **289kcal**　調理時間 **25分**

主菜に　おもてなしに

材料（2人分）
鶏手羽元	6～8本
かぶ	3個
A　酒	大さじ2
湯	2カップ
砂糖	小さじ2
塩	小さじ½
しょうゆ	大さじ1
みりん	大さじ1
ゆずの皮のせん切り	少々

●作り方
1　かぶは茎を1～2cm残して葉を切り落とし、水の中で竹ぐしを使って茎の間の汚れをとり除く。茎のつけ根の皮を少しむいて縦半分に切る。大きいものは四つ割りにする。
2　フライパンにAを合わせて強火にかけ、煮立ったら手羽元を入れる。再び煮立ったら中火にし、アクをとって10分煮る。
3　かぶを加えてさらに12～13分煮る。器に盛り、ゆずの皮を散らす。

鶏肉を煮て、アクをとり、煮汁に鶏肉のうまみが出てきたところでかぶを加えると、かぶがそのうまみを吸っておいしく仕上がる。

肉
鶏肉

ローカロリーのしらたきをたっぷり加えて
鶏肉としらたきの煮物

1人分 **260kcal**　調理時間 **25**分

主菜に　お弁当おかずに

材料（4人分）
鶏もも肉 ……… 1枚（200〜300g）
しらたき……………… 2玉
厚揚げ………………… 1枚
ゆで卵………………… 2個
A ┌ しょうゆ……… 大さじ3
　│ みりん………… 大さじ2
　│ 砂糖…………… 小さじ1
　└ 顆粒スープのもと
　　　……………… 小さじ1

●作り方
1　鶏肉は余分な脂をとり除き、一口大に切る。
2　しらたきは下ゆでして、食べやすく切る。厚揚げは熱湯を回しかけて油抜き（p.192参照）をし、一口大に切る。ゆで卵は殻をむく。
3　なべに水1.5カップとAを入れて煮立て、1、2を入れて15〜20分煮る。ゆで卵を半分に切り、ともに器に盛る。

とろろ昆布の
うまみをからめて、
おいしさ倍増
鶏肉とたけのこのいり煮

1人分 **203kcal**　調理時間 **15**分

主菜に　おもてなしに

材料（2人分）
鶏もも肉……………… 1枚
ゆでたけのこ………… 1/2個
サラダ油……………… 小さじ1
A ┌ だし…………… 1カップ
　└ しょうゆ……… 大さじ2
とろろ昆布…………… 少々
削りがつお…………… 少々
いり白ごま…………… 少々

●作り方
1　鶏肉は一口大に切る。たけのこは縦2〜4等分に切って乱切りにする。
2　なべにサラダ油を熱し、鶏肉を皮目を下にして入れ、焼き色がついたら裏返す。たけのこを加え、約1分いためる。
3　Aを注いで強火にし、ときどきまぜながら汁がなくなるまで煮詰める。火を止めて、とろろ昆布、削りがつお、ごまを振り入れてまぜ合わせる。

梅干しの酸味とピリ辛の隠し味がうまみを引き出す

鶏肉の梅じょうゆ照り煮

1人分 **562kcal**　調理時間 **35分**

主菜に　お弁当おかずに

材料（2人分）
鶏もも肉	2枚
赤とうがらし	2本
サラダ油	適宜
しょうがの薄切り	2枚
梅干し	2個
酒、みりん	各大さじ2
しょうゆ	大さじ1
かぼちゃ	200g

●作り方

1　鶏肉の身に、筋を切るように3～4本浅く切り目を入れる。赤とうがらしは2等分して種を除く。

2　フライパンにサラダ油小さじ1を熱して鶏肉を皮目から焼き、両面に焼き色をつける。酒を振って水½カップ、しょうがを加え、梅干しを手で握りつぶして入れる。みりんとしょうゆを加え、煮立ったら火を弱めてふたをし、約20分煮る。

3　つけ合わせのかぼちゃはわたと種をとり、8mm厚さに切って長さを半分に切り、サラダ油少々を熱したフライパンに並べ、両面を弱火で焼き、ふたをして約5分蒸し焼きにする。

4　**2**の梅干しをさらにこまかくつぶして軽くまぜる。鶏肉をとり出して食べやすく切り、器に盛る。しょうがと梅干しの種を除いて煮汁をかけ、**3**を添える。

梅干しは手で握ってつぶして加えると、鶏肉が煮汁になじみやすい。種も加えておくと、より風味がよい。盛りつけるとき、種はとり除く。

肉 鶏肉

骨つき肉から出てくるうまみを野菜に含ませて

鶏手羽と根菜の煮込み

1人分 **371kcal** 調理時間 **50分**

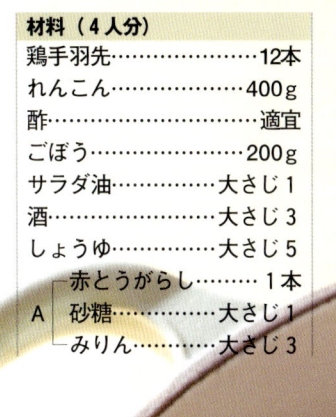

主菜に / おつまみおかずに

材料（4人分）

鶏手羽先	12本
れんこん	400g
酢	適宜
ごぼう	200g
サラダ油	大さじ1
酒	大さじ3
しょうゆ	大さじ5
A 赤とうがらし	1本
砂糖	大さじ1
みりん	大さじ3

●作り方

1　手羽先は関節に包丁を入れて2つに切る。れんこんは皮をむいて2cm厚さの半月切りにし、ごぼうは皮をこそげ、縦2つに割って5cm長さに切り、それぞれ薄い酢水にさらして水けをふく。

2　なべにサラダ油を熱し、手羽先を入れて両面を焼きつける。れんこん、ごぼうを加えていため、酒を振って水2カップを加える。

2　煮立ったらしょうゆの半量とAを加え、ふたをして約20分煮る。残りのしょうゆを加え、さらに15〜20分煮込む。

うまみたっぷりの手羽先をツヤよく煮上げて

鶏手羽とじゃがいもの炒め煮

1人分 296kcal　調理時間 30分

主菜に　お弁当おかずに

材料（2人分）

- 鶏手羽先……………… 6本
- じゃがいも…………… 小3個
- サラダ油……………… 大さじ2
- A
  - 昆布………… 5cm長さ
  - しょうがの薄切り
     …………… 1/2かけ分
  - 酒…………… 1/4カップ
  - 砂糖、しょうゆ
     ………… 各大さじ1
  - 水…………… 1カップ強
- みりん、しょうゆ
   ……………… 各大さじ1

●作り方

1. じゃがいもは皮をむいて二つ割りにする。フライパンにサラダ油を熱してじゃがいもをいため、手羽先を加えて全体を焼きつける。
2. 1の油をきってなべに移し、Aを加えて20分煮込む。みりんとしょうゆを回し入れて、さっと煮からめる。
3. 昆布をとり出して一口大に切り、手羽先、じゃがいも、しょうがとともに器に盛る。

焼きつけると、手羽先の脂が出てくさみがとれる。こんがり焼き色がついたら、なべの縁に当てて油をきりながら、煮込み用のなべに移す。

肉 鶏肉

肉をやわらかくする効果のあるはちみつを使って
鶏手羽の はちみつしょうゆ煮

1人分 **375kcal** 調理時間 **30分**

主菜に / おもてなしに

材料（2人分）
- 鶏手羽先……………… 6本
- じゃがいも…………… 小2個
- A
  - はちみつ……… 大さじ2
  - しょうゆ…… 大さじ1.5
  - 水……………… 1/2カップ
- サラダ油……………… 大さじ2
- パセリのみじん切り…… 少々

●作り方
1 じゃがいもは1cm厚さのいちょう切りにして水に1分さらし、水けをよくふく。
2 Aはまぜてはちみつをよくといておく。
3 フライパンにサラダ油を熱し、手羽先を入れて強火で全体に薄く焼き色をつける。中火にし、じゃがいもを加えて約10分いためる。Aを入れて煮詰め、全体に味をからめる。器に盛って手羽先にパセリを振る。

ごまたれがなんとも香ばしいくし焼き
鶏レバーのごま焼き 甘辛だれ

1人分 **210kcal** 調理時間 **20分**

主菜に / おつまみおかずに

材料（2人分）
- 鶏レバー……………… 100g
- おろししょうが……… 小さじ1
- グリーンアスパラガス
  ………………………… 3～4本
- A
  - しょうゆ、みりん
    ……………… 各大さじ1
  - 酢……………… 大さじ1/2
  - 砂糖…………… 小さじ1
- いり白ごま……… 大さじ3～4
- サラダ油……………… 少々

●作り方
1 鶏レバーは血のかたまりや黄色い脂肪をとり除き、小さめの一口大に切り、水洗いして水けをふき、おろししょうがをまぶす。アスパラガスは根元のかたい部分を除き、3cm長さに切る。Aはまぜ合わせておく。
2 レバーとアスパラガスを交互にくしに刺し、ごまをまぶしつける。
3 フライパンにサラダ油を熱し、**2**を入れて焦がさないように中火でこんがりと焼き、火を止めてからAのたれを回しかけて全体にからめる。

鶏レバーは長く水につける血抜きは不要。血や黄色い脂肪をていねいにとり除いて水洗いし、ペーパータオルなどで水けをよくふいてから使う。

ちょっと豪華な牛のたたき風も、手早く簡単
和風ローストビーフ

1人分 **214kcal**　調理時間 **10分**

主菜に　おもてなしに

材料（2人分）
- 牛赤身かたまり肉……200g
- おろしにんにく……½かけ分
- 塩、こしょう……各少々
- 万能ねぎ……適宜
- しょうゆ……適宜

牛肉は赤身肉を使う。赤身肉は加熱しすぎるとかたくなるので、100gにつき約1分を目安に加熱する。中心部分が半生の状態がベスト。

●作り方
1. 牛肉の表面におろしにんにくをすり込み、塩、こしょうをまぶしてさらによくすり込む。
2. 1を耐熱容器に入れてラップをかけ、電子レンジで約3分加熱し、そのまま冷ます。万能ねぎは小口切りにする。
3. 表面のにんにくをかきとって、牛肉を4～5mm厚さに切る。牛肉を器に盛り、万能ねぎを散らし、しょうゆをつけて食べる。

応用を覚えて レパートリー拡大！

しょうゆプラスαで味の変化を楽しむ

しょうゆに、ねりがらしやおろししょうがをまぜて、香味じょうゆにして食べるのも美味。また、切り分けて器に盛った牛肉に、ゆずやしょうがのしぼり汁を振ると、より和風味に。

肉 牛肉

スパイシーなエスニック仕上げ
牛こまと野菜のカレーじょうゆ炒め

1人分 **272kcal**　調理時間 **15分**

主菜に／おつまみおかずに

材料（2人分）

牛こまぎれ肉	150g
A 酒	小さじ½
しょうゆ	小さじ½
かたくり粉	大さじ½
ごま油	少々
玉ねぎ	小½個
パプリカ（黄）	½個
トマト	½個
サラダ油	小さじ1強
B おろしにんにく	1かけ分
おろししょうが	½かけ分
カレー粉	小さじ½
しょうゆ	小さじ½

●作り方

1　牛肉は約3cm幅に切り、Aを順にまぜ合わせる。
2　玉ねぎは薄切りにする。ピーマンは縦に2～3等分し、横に5mm幅に切る。トマトは5mm厚さのいちょう切りにする。
3　フライパンにサラダ油小さじ1を熱して玉ねぎとピーマンをいため合わせる。玉ねぎとピーマンを端に寄せ、あいた場所にサラダ油少々を足してBをいため、香りが立ったら牛肉とカレー粉を加え、ほぐしながらいためる。トマトも加えて全体をいため合わせ、しょうゆで味をととのえる。

ごまみその甘辛味がごはんにぴったり！
牛肉とごぼうの炒め煮

1人分 **344kcal**　調理時間 **20分**

副菜に／お弁当おかずに

材料（2人分）

牛薄切り肉	150g
ごぼう	⅓本
酢	少々
万能ねぎ	6～7本
サラダ油	大さじ½
A 水	1カップ
酒	大さじ2
みりん	大さじ1
砂糖	小さじ1
しょうゆ	大さじ1
みそ	大さじ1.5
いり白ごま	大さじ1.5

●作り方

1　牛肉は食べやすい大きさに切る。ごぼうは皮をこそげてささがきにし、酢水につける。万能ねぎは4～5cm長さに切る。
2　なべにサラダ油を熱して牛肉をいため、肉の色が変わったら、水けをきったごぼうを加えて強火でいためる。
3　全体に油がなじんだらAを順に加えてまぜ合わせ、落としぶた（p.76参照）をして汁けがほとんどなくなるまで煮る。最後に万能ねぎを加えて一煮する。

肉だねにみそで下味を
つけてソースいらず

鶏のみそ風味ハンバーグ

1人分 **328kcal**　調理時間 **20**分

主菜に　お弁当おかずに

材料（2人分）

鶏ひき肉	200g
A　ねぎのみじん切り	1/5本分
みそ	大さじ1.5
卵	1個
パン粉	大さじ3
グリーンアスパラガス	4本
まいたけ	50g
サラダ油	大さじ1
塩、こしょう	各少々

●作り方

1 鶏肉はAをねりまぜ、4等分してハンバーグ形にまとめる。

2 アスパラガスは根元のかたい部分を除いて下から3～4cmまで皮をむき、長さを半分に切る。まいたけは4等分に裂く。

3 フライパンにサラダ油を熱して1を並べて入れ、少し焼き色がついたら裏返して弱火にする。フライパンのあいているところに2の野菜を入れる。野菜をときどき返しながら約5分焼き、塩、こしょうする。鶏肉に竹ぐしを刺して澄んだ汁が出たら火を止め、器に盛り合わせる。

組み合わせるおかずはこれで決まり！

主菜がみそ味なら、汁物はすまし汁系がおすすめ

味つけが重ならないように、みそ汁は避けて、だしをきかせたすまし汁を添えましょう。薄く味つけしただしにとき卵を流したかき玉汁や、あさりやしじみのうしお汁などがおすすめです。

肉 — 鶏ひき肉

やわらか肉だんごは火の通りが早く、おいしさ抜群！

鶏だんごと小松菜の酒かす煮込み

1人分 **363kcal**　調理時間 **25分**

主菜に／おもてなしに

材料（2人分）

鶏ひき肉	200g
酒かす	80g
小松菜	150g
ねぎ	10cm
しょうが	1かけ
パン粉	大さじ3
酒	大さじ1
A　塩	少々
卵	1個
だし	1.5カップ
B　塩	小さじ1/3
みりん	大さじ1

●作り方

1. 酒かすは小さくちぎって水1/2カップにつけ、しばらくおいてやわらかくする。小松菜は5cm長さに切る。
2. ねぎ、しょうがはみじん切りにし、パン粉は酒を振りかけてやわらかくし、Aとともにひき肉に加えて粘りが出るまでねりまぜる。
3. なべにだしを煮立てて、2をスプーンですくいとって入れ、7～8分煮る。1の酒かすとBを加えて再び煮立ったら小松菜を加え、さっと煮る。

ねり合わせたひき肉をスプーンで1杯ずつすくい、もう1本のスプーンの背で形をととのえながら、押し出してだしの中へ落としていく。

しめじ、小松菜もいっしょに煮びたし風に
豆腐入りつくねの煮物

1人分 **180kcal** 調理時間 **20**分

主菜に / おつまみおかずに

材料（2人分）

- 鶏ひき肉 …………… 150g
- 木綿豆腐 …………… 100g
- A
  - ねぎのみじん切り …………… 1/4本分
  - 卵 …………… 1個
  - 塩 …………… 小さじ1/3
- しめじ …………… 50g
- 小松菜 …………… 100g
- サラダ油 …………… 大さじ1.5
- B
  - だし …………… 1.5カップ
  - 薄口しょうゆ …… 大さじ1
  - 赤とうがらし（種を抜く） …………… 1本

●作り方

1 豆腐はふきんに包んで15分以上おいて水きりし、ボールに入れてくずし、ひき肉とAを加えて手でよくねりまぜる。

2 しめじは小房に分ける。小松菜は7cm長さに切る。

3 フライパンにサラダ油を熱し、**1**を一口大にすくいながら並べて入れ、スプーンの背で軽く押さえて片面約2分ずつ両面を焼く。

4 なべにBを入れて煮立て、しめじを一煮し、**3**のつくねを加えて煮る。アクをとって落としぶた（p.76参照）をし、約2分煮る。なべの隅に小松菜を入れ、菜箸でまぜながら一煮し、しんなりとしたら火を止める。

肉

鶏ひき肉・豚ひき肉

七味をぴりりときかせて塩味でさっぱり
豚つくねの焼き野菜添え

1人分 **207kcal**　調理時間 **20**分

主菜に　おもてなしに

材料（2人分）
豚ひき肉（赤身）………200g
グリーンアスパラガス…4本
生しいたけ……………4個
A ┌ ねぎ………………½本
　│ しょうが…………1かけ
　│ 卵…………………1個
　│ 塩………………小さじ¼
　└ 七味とうがらし……少々

●作り方
1 アスパラガスは根元のかたい部分を切り落とす。しいたけは石づきを除く。
2 Aのねぎとしょうがをみじん切りにし、残りのAとひき肉を合わせて粘りが出るまでよくまぜる。4等分して、小判形に形をととのえる。
3 焼き網を熱して**2**を並べ、こんがりと焼き色がついたら裏返して、中までしっかり火を通す。**1**も焼き網に並べてのせ、両面をこんがりと焼き、食べやすく切って、つくねとともに盛り合わせる。

よく熱した焼き網につくねをのせる。焼き網を熱してないとつくねが網にくっついてしまう。焼き網がないときは、グリルで焼いてもよい。

転がしながら煮て、全体に味をからめるのがコツ
鶏ひき肉の
うずら卵入り信田巻き

1人分 **323kcal**　調理時間 **25**分

主菜に　おもてなしに

材料（2人分）
鶏ひき肉………………150g
A ┌ ねぎのみじん切り
　│ …………………大さじ1
　│ しょうゆ………小さじ½
　│ 酒………………小さじ1
　└ かたくり粉……小さじ1
油揚げ……………………1枚
うずら卵の水煮…………6個
B ┌ だし………………1.5カップ
　│ 酒………………大さじ1
　│ みりん、しょうゆ
　│ ………………各大さじ½
　└ 砂糖……………大さじ½
かたくり粉………………小さじ1
刻み三つ葉………………適宜

●作り方
1 ひき肉とAをボールに入れ、粘りが出るまでまぜる。
2 油揚げは長い1辺を残して3辺の端を切り落とし、手で開く。熱湯をかけて油抜き（p.192参照）をする。まないたに油揚げを縦方向に広げ、向こう側を3cmを残して**1**を塗る。手前にうずら卵を並べて、卵をしんにして手前からくるくると巻く。
3 **2**が横に入る大きさのなべにBを煮立てて**2**をそっと入れ、落としぶた（p.76参照）をし、なべのふたもして、弱めの中火で6～7分煮る。途中、なべを揺すって転がすようにして全体に味をからめる。食べやすく切り、器に盛る。
4 煮汁に倍量の水でといたかたくり粉を入れてとろみをつけ、三つ葉を加え、**3**にかける。

卵

ときほぐして焼く、いためるなど、パパッとできる手軽なおかずから蒸し物やあんかけなどの本格的な一品まで、常備食材・卵の便利な和風レシピです。

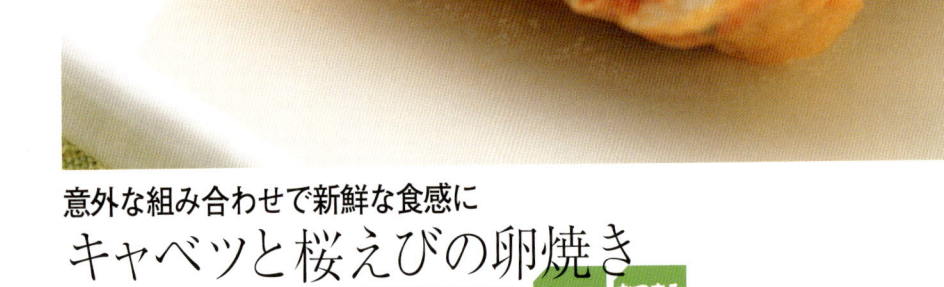

意外な組み合わせで新鮮な食感に
キャベツと桜えびの卵焼き

1人分 **196kcal**　調理時間 **15分**

副菜に　おつまみおかずに

材料（2人分）
卵	3個
A 砂糖	小さじ2
酒	小さじ2
塩	小さじ1/4
桜えび	15g
キャベツ	1枚
サラダ油	小さじ2

●作り方
1　卵は割りほぐし、Aをまぜる。キャベツはせん切りにする。
2　フライパンにサラダ油を熱し、キャベツをしんなりするまでいためる。
3　2に卵液を1/4量流し入れ、キャベツを巻き込むように焼く。残りの卵液を3回に分けて流し入れ、巻きながら焼く。

組み合わせるおかずはこれで決まり！

野菜に肉をプラスしたおかずといっしょに

彩りのよい卵焼きですが、ボリューム不足が気になるところ。豆腐にたっぷりの野菜を添えた和風サラダとあさりのうしお汁など、豆腐や魚介、肉を使ったおかずを組み合わせればOK。

146

卵

あり合わせの材料をまぜ込んで
千草焼き

1人分 **220kcal**　調理時間 **25分**

副菜に　お弁当おかずに

材料（2人分）

卵	3個
にんじん	小1/2本
さやいんげん	50g
えのきだけ	1袋
ごま油	小さじ1
A 酒	大さじ1
砂糖	小さじ1
塩	小さじ1/2
B 砂糖	大さじ1
みりん	大さじ1
しょうゆ	大さじ1/2
サラダ油	適宜

●作り方

1 にんじんは2cm長さのせん切り、いんげんは斜め薄切り、えのきだけは根元を落とし、2cm長さに切ってほぐす。フライパンにごま油を熱し、すべての野菜を入れていため、Aを加えて汁けがなくなるまでいためて冷ます。

2 ボールに卵をときほぐしてBで調味し、**1**を加えてまぜる。

3 卵焼きなべにサラダ油を熱し、**2**を流し入れる。ふたをして弱火で10〜12分焼く。表面が流れなくなったら火からおろし、ふたをしたままひっくり返してなべをそっとはずす。ふたをすべらせて、静かに卵焼きなべに戻し入れ、再び火にかけて焼き上げ、食べやすく切る。

野菜は完全に冷めてから、卵に加える。野菜があたたかいと、卵が固まってしまうことも。急ぐときは、野菜をバットなどに移して。

朝ごはんの主役にぴったり
納豆とわかめのオムレツ

1人分 **321kcal** 調理時間 **15分**

主菜に / おつまみおかずに

材料（2人分）
- 卵……………………4個
- 納豆…………………2パック
- ねりがらし…………小さじ½
- しょうゆ……………大さじ½
- わかめ（塩蔵）……10g
- サラダ油……………大さじ1

●作り方

1 納豆にからし、しょうゆをまぜ合わせる。わかめは水でもどしてあらく刻む。

2 フライパンにサラダ油大さじ½を熱し、中火にして納豆とわかめを半量ずつ入れ、ちりちりと音がしてくるまで約1分いためる。卵2個を割りほぐして流し入れ、大きくまぜながらフライパンの向こう側に卵を寄せて形をととのえ、上下を返して皿に移す。

3 同様にして、もう一つ作る。

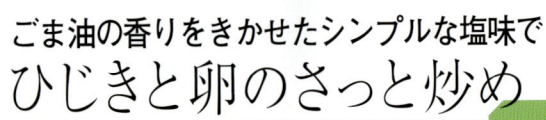

ごま油の香りをきかせたシンプルな塩味で
ひじきと卵のさっと炒め

1人分 **145kcal** 調理時間 **10分**

副菜に / お弁当おかずに

材料（2人分）
- ひじき（乾燥）……15g
- ごま油………………大さじ1
- 卵……………………2個
- 塩……………………適宜
- しょうゆ……………少々

●作り方

1 ひじきは水洗いしてやわらかくもどし、水けをきって食べやすく切る。フライパンにごま油大さじ½を熱していため、しんなりしたらとり出す。

2 卵は塩少々を入れ、よくときほぐす。

3 ごま油大さじ½を熱し、卵が半熟になるまでいためる。1を戻してまぜ、塩小さじ⅓、しょうゆで調味する。

卵

きのこ入りの肉みそをのせて食べごたえも満点
茶わん蒸しの肉みそかけ

1人分 **227kcal**　調理時間 **20**分

副菜に／おつまみおかずに

材料（2人分）
卵	2個
A　だし	1カップ
薄口しょうゆ	小さじ1
みりん	大さじ½
塩	小さじ⅓
豚ひき肉	60g
ねぎ	¼本
えのきだけ	50g
サラダ油	大さじ½
B　砂糖	大さじ½
みそ	大さじ1.5

● 作り方

1　なべにAを入れて煮立て、冷めたら、卵を割りほぐして加え、万能ざるを通してこす。

2　ねぎは小口切りにし、えのきだけは根元を落として3等分に切る。

3　フライパンにサラダ油を熱してひき肉をほぐしながらいためる。2とBを入れ、全体がまざったら火を止める。

4　耐熱容器2個に1を均等に注ぎ、中央に穴をあけたアルミホイルをかぶせて、電子レンジで3分加熱する。まん中まで固まればOK。固まっていないときは様子を見ながら10秒ずつ、固まるまで加熱する。あら熱をとって3をのせる。

中央に親指大の穴をあけたアルミホイルを器にすっぽりかぶせる。これで火の通りを均一にし、電子レンジで蒸してもすが立たない。

器ごと冷やすのがおいしさアップの秘密
落とし卵の冷やし鉢

1人分 **95kcal**　調理時間 **10分**

副菜に　おつまみおかずに

材料（2人分）

卵	2個
オクラ	4本
トマト	½個
酢	大さじ1
だし	¼カップ
A［薄口しょうゆ	大さじ½
みりん	大さじ½
ゆずこしょう	少々

●作り方

1 卵は1個ずつ器に割る。オクラは色よくゆでて斜め切りにし、トマトは皮を湯むき（p.192参照）してくし形に切る。

2 沸騰した湯に酢を加え、卵を静かに落とし入れ、菜箸で白身を黄身にかぶせるように寄せる。中火で2〜3分煮て冷水にとる。冷めたらペーパータオルにのせて水けをきりながら形をととのえ、器に盛り、オクラとトマトを添えて冷やす。

3 だしを煮立ててAを加え、一煮立ちさせて冷やす。食べる直前に**2**にかけ、ゆずこしょうを添える。

> 卵を入れたら、広がった白身を黄身の周りに集める。箸先で黄身を突つかないように注意しながら、そっと寄せるようにする。

卵

緑と黄色が目にも鮮やか！
グリーンピースの卵とじ

1人分 **150kcal**　調理時間 **10分**

副菜に　おもてなしに

材料（2人分）

- グリーンピース（生）……………1カップ
- 卵………………2個
- だし……………1カップ
- A
  - 塩………小さじ1/5
  - 薄口しょうゆ…小さじ1/4
  - みりん………大さじ1.5

●作り方

1 グリーンピースはかために色よくゆで、ざるに上げて水けをきる。色が悪くならないよう、うちわなどであおいで冷ます。

2 なべにだしを入れて煮立て、Aと**1**を加える。一煮立ちさせてアクをすくい、弱火で1〜2分煮る。

3 卵は白身を切るようにしてよくほぐし、ざるでこす。**2**のなべに回し入れ、10秒ほどおいて火を止め、ふたをして1分おき、余熱で火を通す。

ごはんにのせて、簡単どんぶりにも
たらこ入りいり卵

1人分 **171kcal**　調理時間 **10分**

副菜に　お弁当おかずに

材料（2人分）

- 卵………………3個
- たらこ……………1/2腹
- 酒………………大さじ2
- みりん……………大さじ1
- あさつきの小口切り……………1〜2本分

●作り方

1 卵はときほぐしてざるでこし、酒大さじ1とみりんを加えてよくまぜる。

2 たらこは皮を除き、酒大さじ1を加えてまぜ、**1**に入れてよくまぜ合わせる。

3 弱火にかけ、菜箸を4〜5本束ねて持ち、全体を手早くかきまぜながら卵に火を通す。途中で焦げつきそうになったら火からおろし、ぬれたふきんにのせてかきまぜる。

4 器に盛り、あさつきをのせる。

豆腐 大豆製品

いり豆腐など、おなじみの副菜に加えて、主菜になる豆腐ステーキやボリュームのある肉豆腐など、毎日食べたい豆腐のおかずのバリエーションが広がります。

肉豆腐

コクとボリュームたっぷりのすき焼き風煮物

1人分 **344kcal** 調理時間 **20分**

主菜に / おつまみおかずに

材料（2人分）
- 木綿豆腐……………… 1丁
- 豚こまぎれ肉………… 100g
- 糸こんにゃく………… 100g
- ねぎ……………………… 1個
- サラダ油………… 大さじ1
- A
  - 酒……………… 大さじ1
  - だし…………… 1カップ
- B
  - 砂糖…………… 大さじ1
  - しょうゆ……… 大さじ3
  - みりん………… 大さじ1
- 七味とうがらし………… 適宜

●作り方

1　豆腐は4等分に切る。糸こんにゃくは下ゆでし、食べやすい長さに切る。ねぎは1cm幅の斜め切りにする。

2　なべにサラダ油を熱してぬれたふきんの上にとり、豚肉を入れて油をからませるようにまぜる。再び火にかけて色が変わるまでいためる。

3　こんにゃくを加えていため、Aを加えて一煮立ちさせ、アクをとる。Bを加えて再び煮立ったら、豆腐を入れて落としぶた（p.76参照）をし、4〜5分煮る。最後にねぎを入れ、しんなりするまで煮る。器に盛り、七味を振る。

肉と糸こんにゃくをなべの隅に寄せて豆腐を入れる。直接煮汁に当たるように入れないと、豆腐の中まで味がしみ込まない。

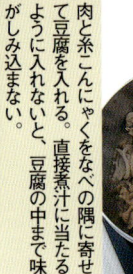

豆腐全体にうっすらと色がつき、中まで火が通ったらねぎを入れる。ねぎは煮すぎると風味が落ちるので、最後に入れてさっと火を通す。

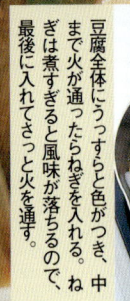

豆腐・大豆製品 豆腐

電子レンジで一気に作れる
あんかけ豆腐

1人分 **161kcal**　調理時間 **10分**

副菜に　おもてなしに

材料（2人分）	
絹ごし豆腐	1丁
ねぎ	1本
A しょうゆ	大さじ2
酒	大さじ2
砂糖	小さじ2
かたくり粉	大さじ½
だし	½カップ
七味とうがらし	少々

●作り方

1　ねぎは4～5cm長さの斜め薄切りにし、Aとまぜ合わせる。

2　豆腐は8等分に切って耐熱容器に入れ、1を加え、ラップをかけて電子レンジで4～5分加熱する。

3　豆腐をくずさないよう上下を返して味をなじませ、器に盛って七味を振る。

**応用を覚えて
レパートリー拡大！**

きのこをプラスして
きのこあんかけに

しめじやしいたけなどあり合わせのきのこを加えれば、うまみが増してボリュームもアップします。きのこは事前に加熱して火を通してから、ねぎや調味料とまぜて、豆腐と合わせます。

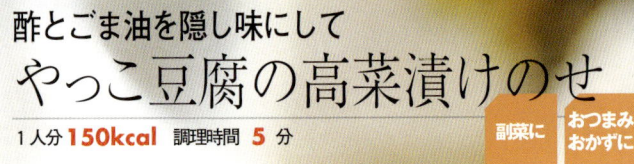

酢とごま油を隠し味にして
やっこ豆腐の高菜漬けのせ

1人分 **150kcal**　調理時間 **5**分

副菜に　おつまみおかずに

材料（2人分）
- 木綿豆腐……………… 1丁
- 刻み高菜漬け……… ½カップ
- 酢………………… 大さじ½
- ごま油…………… 大さじ½
- 焼きのり……………… 1枚

●作り方
1　高菜漬けは酢とごま油を加えてまぜる。
2　豆腐はペーパータオルで水けをふき、手で食べやすくちぎる。器に盛り、1とちぎったのりをのせて、好みでしょうゆをかけて食べる。

冷ややっこのようなのどごしを楽しむため、豆腐は軽く押さえるようにして水けをふく。しっかり水をきってしまうと、食感がかたくなりすぎる。

豆腐・大豆製品 豆腐

歯ざわりのよい 水菜やねぎを加えて
野菜たっぷりの湯豆腐

1人分 **192kcal** 調理時間 **10**分

主菜に / おもてなしに

材料（2人分）
- 木綿豆腐……………………1丁
- 水菜……………………150g
- えのきだけ……………………1袋
- ねぎ……………………1/2本
- 酒……………………大さじ2
- 昆布……………………5cm長さ2枚
- ポン酢じょうゆ……1/2カップ
- もみじおろし……………適宜

●作り方
1　豆腐は8等分に切る。
2　水菜は根元を少し落とし、4cm長さに切る。えのきだけは根元を落として食べやすくほぐす。ねぎは6cm長さに切り、縦に4等分する。
3　土なべに水3カップ、酒、昆布、豆腐を入れて弱火にかける。煮立ってきたら、さらに火を弱めて水菜、えのきだけを加え、しんなりしたら、ねぎも加えて一煮し、ポン酢じょうゆ、もみじおろしで食べる。

好みのみそを使って
みそ漬け豆腐

1人分 **180kcal** 調理時間 **10**分

副菜に / おもてなしに

材料（4人分）
- 木綿豆腐……………………2丁
- A ┌ 八丁みそ……………100g
    └ 信州みそ……………100g
- 青じそ……………………適宜

●作り方
1　豆腐は水きりし、水けをよくふく。
2　Aはまぜ合わせてキッチンペーパーに塗る。豆腐を中央におき、空気が入らないようにしてぴっちりと包む。さらにラップで包み、密閉容器に入れて冷蔵庫で1〜2日おく。
3　みそをとって薄切りにし、青じそを敷いた器に盛る。

材料は小さく切りそろえるのがコツ
いり豆腐

1人分 **282kcal** 調理時間 **15分**

副菜に / おつまみ おかずに

材料（2人分）
- 木綿豆腐……………………1丁
- にんじん……小½本（50g）
- 干ししいたけ……………2個
- えび……………………………5尾
- サラダ油………………大さじ½
- A
  - だし……………¼カップ
  - 酒………………大さじ2
  - 砂糖……………小さじ2
  - みりん…………大さじ1
  - 塩………………小さじ¼
  - しょうゆ………小さじ2
- 卵………………………………1個
- 青のり………………………少々

●作り方

1 豆腐は手でくずし、ざるに入れて水きりする。

2 しいたけはもどして、にんじんとともに約1cm角に切る。えびは背わたをとって殻をむき、同じ大きさに切る。

3 サラダ油を熱し、強火で**2**をいためる。豆腐を加えていため合わせ、全体に油が回ったらAを加え、汁けがなくなるまでいりつける。卵をといて流し入れ、さっとまぜて火を通す。器に盛り、青のりを散らす。

豆腐はこまかくちぎってざるに入れておくと、短時間で自然に水がきれる。豆腐をくずして使う料理だからできる裏ワザ。

汁けが少し残っているうちに、卵を全体に回し入れるとなじみがよい。パラリとするまでいりつけても、ふっくらとやさしい味に仕上がる。

豆腐・大豆製品 豆腐

かつお節のうまみと香ばしさが人気
粉がつお入り炒め豆腐

1人分 **110kcal**　調理時間 **10分**

副菜に／おつまみおかずに

材料（2人分）

木綿豆腐	½丁
サラダ油	小さじ1
A ┌ みりん	大さじ1
└ しょうゆ	大さじ1
粉がつお	大さじ1
絹さや	6枚

●作り方
1 豆腐はペーパータオルで包み、電子レンジで2分30秒加熱して水きりし、食べやすくちぎる。
2 フライパンにサラダ油を熱し、1を転がすようにいため、Aを回し入れてさらにいためる。
3 粉がつおを加え、全体にまぶしつける。絹さやをゆでて斜め切りにして添える。

にんにく風味の甘辛いきのこのたれをかけて
豆腐の和風ステーキ

1人分 **383kcal**　調理時間 **10分**

副菜に／おもてなしに

材料（4人分）

木綿豆腐	2丁
小麦粉	適宜
しめじ	1パック
ごま油	大さじ1.5
A ┌ おろしにんにく	2かけ分
├ しょうゆ	大さじ3
└ みりん	大さじ3
万能ねぎの小口切り	少々

●作り方
1 豆腐は厚みを半分に切って水きりし、小麦粉を薄くまぶす。しめじは石づきを除いてほぐす。
2 フライパンにごま油を熱して豆腐を並べ入れ、中火で両面を色よく焼いて中まで火を通し、器に盛る。
3 2のフライパンにしめじを入れてさっといため、Aを加えて煮立てる。2の豆腐にかけて、万能ねぎをのせる。

飽きのこない素朴な味
厚揚げと昆布の煮物

1人分 **197kcal**　調理時間 **30分**

副菜に　おつまみおかずに

材料（2人分）
- 厚揚げ……………… 1枚
- 切り昆布（乾燥）…… 20g
- こんにゃく………… 1枚
- A
  - だし………… 1.5カップ
  - 酒…………… 大さじ2
  - 砂糖………… 小さじ2
  - しょうゆ…… 小さじ1
  - 塩…………… 小さじ1/4

●作り方

1　厚揚げは油抜き(p.192参照)し、端から1cm厚さに切る。

2　昆布は洗って水けをきる。こんにゃくは端から1cm厚さに切って水に入れ、強火にかけて1〜2分下ゆでする。

3　フライパンにAを合わせて煮立て、1、2を入れて中火で20〜25分煮て味を含ませる。

厚揚げは調味料の色がむらになりやすいので、先に煮汁を合わせてから入れる。すが立たないよう、中火でコトコトと煮含めるのがコツ。

知って得する 素材のミニ情報

意外に高カロリー！油抜きでヘルシーに

厚揚げや油揚げは、油を使っているのでカロリーが高め。調理の前には、必ず熱湯をかけて油抜きすることをお忘れなく。時間のないときは、給湯器の湯を高温にしてかけるだけでもOK。

豆腐・大豆製品　厚揚げ・油揚げ

おなじみの味を厚揚げで再現
厚揚げの揚げ出し豆腐風

1人分 **202kcal**　調理時間 **10分**　副菜に　おつまみおかずに

材料（4人分）
厚揚げ	2枚
なめこ	1袋
三つ葉	少々
大根	¼本
しょうが	1かけ
A　だし	1カップ
しょうゆ、みりん	各大さじ2
塩	少々

●作り方
1　厚揚げは半分に切り、フライパンかオーブントースターで中まで火が通り、表面がカリッとするまで焼き、器に盛る。
2　なめこはさっと洗う。三つ葉は2cm長さに切る。大根としょうがはそれぞれおろす。
3　なべにAを入れて一煮立ちさせ、なめこを加えて再び煮立て、三つ葉を入れる。大根をのせた1にかけ、しょうがを添える。

卵を入れてじっくり味を含める
油揚げの袋煮

1人分 **264kcal**　調理時間 **20分**　副菜に　おもてなしに

材料（4人分）
油揚げ	4枚
にんじん	4cm
絹さや	10枚
卵	小8個
A　だし	2カップ
薄口しょうゆ	大さじ4
酒、砂糖、みりん	各大さじ1

●作り方
1　油揚げは半分に切って袋状に開き、油抜き（p.192参照）をする。にんじんはせん切りに、絹さやは斜め細切りにして、それぞれゆでる。
2　卵は1個ずつ容器に割り入れ、油揚げに静かに流し込む。1の野菜を等分に詰め、口をようじで止める。
3　なべにAを合わせ、2を並べて中火にかけ、12～13分煮含める。

もっとおいしく和食！

いまさら聞けない
和風おかずの失敗克服術

失敗は成功の母！　ごはんの失敗を克服する方法や、卵焼きをキレイに作る裏ワザなどをご紹介します。

Q1 天ぷらが大好きなのに、何度作ってもカラリと揚げられません

A1 ポイントはやっぱり油の温度です。適温になったかどうか、確認してから材料を入れます。このとき油の温度が下がりすぎないよう、1回に揚げる量は、油の表面積の半分以下が理想的です。64ページの「天ぷら」を参照して、もう一度おさらいしてみましょう。

天ぷら衣を1滴落として
チェックして！
揚げ油の温度の見方

●**低温（140〜160度）**
衣を1滴落とすと、なべの底まで沈んでからゆっくり上がってくる。（じゃがいもや青野菜の素揚げなどに向く温度）

●**中温（160〜180度）**
衣を1滴落とすと、なべの中ほどまで沈んで、スッと浮いてくる。（肉や魚のから揚げ、野菜の天ぷらなどに向く温度）

●**高温（180〜200度）**
衣を1滴落とすと、軽く沈んで、すぐに浮き上がる。油から煙が出たら注意。（魚介の天ぷら、コロッケ、二度揚げのときの二度目に向く温度）

Q2 せっかくの炊き込みごはんにしんが！炊き直さなきゃ、だめ？

A2 米1合につき酒大さじ1〜2をごはんの表面に振りかけて、再び炊飯スイッチをON。たいていの場合、これでしんがとれてふっくらと炊き上がります。白飯の場合も同じです。新米、古米の違いや、保存状態などで米の乾燥の度合いが変わり、いつもと同じ水かげんではうまくいかないことがあります。米は意外にデリケートな素材なので、しっかり密封して日の当たらない涼しい場所に保存してください。冷蔵庫の野菜室なら理想的です。

Q3 煮物を焦がしちゃいました。捨てるのはもったいない！

A3 あせらずに静かにふたをとり、上にある具を食べてみます。煙のようなにおいがせず、味が煮詰まっていなければ、上の部分だけそっと救出すればOK。まだ煮えていないときは、焦げた部分を除いて別のなべに移し、だしを注いで再び煮ます。いため煮などの場合、肉が焦げついてしまうと、あとから加える材料がくっつきやすいので、なべをぬれたふきんの上にのせ、焦げたところを除いてから、残りの材料やだしを加えます。

Q4 卵焼きの形が不格好で、おいしそうに見えないのですが……

A4 慣れないうちは、デコボコがあったり、中身がはみ出したり、なんてことになりがちですが、少々の不格好はかんべんしてもらいましょう。でもそのままで切るのはむずかしいほど形がくずれてしまっていたら、卵焼きが熱いうちにペーパータオルやラップにとり出してそっと包み、両手で軽く押さえながら形をととのえます。そのまま冷ませば余熱で固まり、形よく仕上がります。

レパートリーを広げて献立作りに役立てたい

チャチャッと作る小鉢物・汁物&ごはん

あえ物やシンプルないため物など、あともう一品小さなおかずを添えたいときに便利な小鉢物と、和食ならではのみそ汁、おかずにもなる具だくさんの汁物を紹介します。主菜が決まったら、材料と味つけが重ならないように、このパートからお好きなものを選んでください。おもてなしにも重宝する季節の素材をふんだんに使ったごはん物は、手軽にできるものばかりを集めました。

小鉢物

手早く作れるあえ物や作りおきできる簡単な煮物などの和風の食卓には欠かせない小鉢物。手間も材料も少しでOKです。

冷たい食感がピリ辛味にぴったり
かぶのレモンじょうゆ

1人分 **47kcal** 調理時間 **10**分

材料（2人分）
- かぶ……………………… 4個
- 塩………………………… 小さじ1/2
- レモン汁………………… 1/2個分
- しょうゆ………………… 大さじ1・2/3
- レモンのいちょう切り…… 少々

●作り方

1 かぶは皮を厚めにむいて縦4〜6つに切り、茎と葉は2cm長さに切る。ボールに入れて塩を振り、しんなりするまでおく。

2 レモン汁としょうゆはまぜ合わせる。

3 1の水けをよくしぼって、レモンと2を加えて手でもみ込むようにして味をなじませる。

おつまみおかずに

手軽にできて上品な味わい
かぶの昆布茶煮

1人分 **30kcal** 調理時間 **15**分

材料（2人分）
- かぶ……………………… 4個
- ブロッコリー…………… 40g
- だし……………………… 約1カップ
- 昆布茶…………………… 小さじ1
- しょうゆ………………… 小さじ1/2

●作り方

1 かぶは皮をむいて早く煮えるように半分に切る。ブロッコリーは小房に分ける。

2 なべにかぶを入れ、だしをひたひたになるまで注ぎ、昆布茶を加えて煮る。

3 かぶに火が通ったらブロッコリーを加えてさっと煮て、しょうゆを回しかけ、さらに一煮して器に盛る。

おもてなしに

小鉢物 かぶ・きゅうり

あと口さっぱり！ おつまみにもおすすめ
きゅうりとささ身の梅あえ

1人分 **75kcal** 調理時間 **15分**

材料（2人分）
- きゅうり……………1本
- 鶏ささ身……………3本
- 塩……………………少々
- 梅干し………………3個
- しょうゆ……………少々

●作り方
1　ささ身はゆでてざるに上げ、食べやすくほぐして冷ます。きゅうりは小口切りにし、塩を振ってもみ、水けをしぼる。
2　梅干しは種を除いてこまかくちぎり、1を加えてあえ、しょうゆを振る。

おもてなしに

ごま油の隠し味が決め手
塩もみきゅうりの おかかあえ

1人分 **43kcal** 調理時間 **15分**

材料（2人分）
- きゅうり……………2本
- 塩……………………小さじ2/3
- A
  - しょうゆ…………小さじ1/2
  - ごま油……………小さじ1
  - 削りがつお………1袋（5g）

●作り方
1　きゅうりは小口切りにし、塩を振ってよくまぜ、しんなりするまでおく。
2　1を水洗いして水けをしぼり、ボールに入れてAを加えてあえる。

おつまみ おかずに

水菜のシャキシャキ食感がうれしい
焼き油揚げと水菜のあえ物

1人分 **205kcal** 調理時間 **15分**

材料（2人分）
- 油揚げ……………… 2枚
- 水菜………………… 150g
- A
  - ごま油…………… 大さじ¼
  - しょうゆ………… 大さじ½
  - こしょう………… 少々
  - いり白ごま……… 小さじ1

●作り方
1. フライパンに油揚げを入れて弱火で6～8分ほどかけて両面をカリッとするまで焼く。縦2つに切って細切りにする。Aはまぜ合わせておく。
2. 水菜は根元を切り、3㎝長さに切る。
3. ボールに油揚げ、水菜を入れ、Aを振ってあえる。

くるみは食感が残るくらいにあらくすって
ほうれんそうのくるみあえ

1人分 **95kcal** 調理時間 **10分**

材料（2人分）
- ほうれんそう……… 150g
- むきくるみ………… 20g
- A
  - しょうゆ………… 大さじ1
  - 砂糖……………… 小さじ1
  - だし……………… 小さじ1

●作り方
1. ほうれんそうは熱湯でゆで、冷水にとって冷まし、水けをしぼって3～4㎝長さに切る。
2. くるみはすり鉢であらくすり、Aを加えてすりまぜ、1を加えてあえる。

小鉢物
水菜・ほうれんそう・れんこん

和風おかずならではの品のよい味わい
薄切りれんこんとほたての酢の物

1人分 **104kcal**　調理時間 **15分**

材料（2人分）
れんこん……………………50g
酢……………………………少々
ほたて貝柱（刺し身用）
　………………………6個（150g）
A ┌ 砂糖………………小さじ1
　├ 酢…………………大さじ2
　└ 薄口しょうゆ……大さじ1
青のり………………………少々

●作り方
1　れんこんは皮をむいて薄い輪切りにし、酢を入れた水に放す。水けをきって熱湯で1〜2分ゆでてざるに上げ、湯をきる。ほたては半分の厚さに切り、一口大に切る。
2　器に**1**を盛り合わせ、食べる直前に、Aをまぜ合わせてかけ、青のりを振る。

おもてなしに

仕上げに酢をまぜて味を引きしめるのがコツ
れんこんとにんじんの炒めなます

1人分 **139kcal**　調理時間 **15分**

材料（2人分）
れんこん……………½節（100g）
にんじん………………………⅓本
酢……………………………適宜
サラダ油……………………大さじ1
赤とうがらしの小口切り
　……………………………1本分
砂糖…………………………小さじ1
みりん、しょうゆ…各大さじ1

●作り方
1　れんこんとにんじんは皮をむき、2〜3mm厚さの半月切りにし、れんこんは酢少々を加えた水に放し、水けをきる。
2　サラダ油を中火で熱し、赤とうがらしを焦がさないようにいため、**1**をいため合わせる。
3　全体に油が回ったら砂糖、みりん、しょうゆを順に加えてなじませ、汁けがなくなったら酢大さじ1.5をさっとまぜる。

お弁当おかずに

いつもある材料でささっと小鉢
玉ねぎの梅あえ

1人分 **44kcal** 調理時間 **10分**

材料（2人分）

玉ねぎ	1個
梅干し	大1個
A　酢	大さじ1
砂糖	小さじ½
塩	少々

●作り方
1　玉ねぎは1cm幅のくし形に切り、熱湯で透き通るまでゆでる。冷水にとって冷まし、水けをきる。
2　梅干しは種を除いて包丁でペースト状にたたき、Aを加えてまぜ合わせ、1をあえる。

おつまみおかずに

明るい彩りで、食卓のアクセントに
絹さやとにんじんのごまあえ

1人分 **128kcal** 調理時間 **10分**

材料（2人分）

絹さや	50g
にんじん	100g
A　しょうゆ、酢	各大さじ1
砂糖	小さじ1
半ずり白ごま	大さじ2

●作り方
1　絹さやは筋を除き、にんじんは3〜4cm長さの短冊切りにする。Aはまぜ合わせる。
2　なべに湯を沸かし、絹さやとにんじんを入れて手早くゆで、ざるに上げる。よく冷ましてAであえる。

お弁当おかずに

小鉢物

玉ねぎ・絹さや・大根の皮、葉

旬の大根は皮までおいしい！
大根の皮のしょうゆ漬け

1人分 **19kcal**　調理時間 **5**分

材料（4人分）
大根の皮（厚めにむいたもの）
　…………………… 200g
A ┌ しょうゆ ………… 大さじ2
　│ 酒 ……………… 大さじ1.5
　│ 昆布 ……… 1.5cm角 5～6枚
　└ 赤とうがらし ………… 1本

●作り方
1　大根の皮はざるにのせて少し干し、1.5cm角に切る。
2　1とAをポリ袋に入れ、空気が入らないように口を閉めて、半日以上漬ける。

おつまみ
おかずに

ビタミンいっぱいの大根の葉が大活躍
大根葉の
ちりめんじゃこ炒め

1人分 **116kcal**　調理時間 **5**分

材料（2人分）
大根の葉 …………………… 200g
ちりめんじゃこ ……………… 20g
サラダ油 ……………… 大さじ1
酒 …………………… 大さじ1
しょうゆ ……………… 小さじ1
いり白ごま …………………… 少々

●作り方
1　大根の葉は5mm幅に刻む。
2　サラダ油を熱して1をいため、しんなりしたらじゃこを加えてさらにいためる。全体に油がなじんだら、酒を振り、しょうゆを加えて一いためする。
3　器に盛ってごまを振る。

おつまみ
おかずに

素朴なおいしさが変わらぬ人気
もやしと切り昆布の煮物
1人分 **72kcal** 調理時間 **10**分

材料（2人分）
切り昆布（乾燥）………… 10g
もやし……………………… ½袋
赤とうがらしの小口切り
………………………… 1本分
A ┌ 砂糖、みりん…各大さじ1
　└ しょうゆ……… 大さじ2.5

●作り方
1 昆布はなべに入れ、水½カップを注いで少しおいてもどす。もやしはひげ根を除く。
2 1のなべを火にかけて煮立ったら、もやし、赤とうがらし、Aを加える。
3 落としぶた（p.76参照）をし、中火で汁けがなくなるまで煮る。

お弁当
おかずに

漬け菜のうまみがよいだしに
もやしと高菜のピリ辛煮
1人分 **37kcal** 調理時間 **15**分

材料（2人分）
もやし……………………… 150g
高菜漬け…………………… 30g
みりん……………… 大さじ1
しょうゆ…………… 大さじ1

●作り方
1 もやしはひげ根をとり除く。高菜漬けはこまかく刻む。
2 なべに1と水¼カップを入れて火にかける。煮立ったら、みりんとしょうゆを入れ、汁けがほとんどなくなるまで煮る。

おつまみ
おかずに

小鉢物 もやし・万能ねぎ・三つ葉

あり合わせ素材でも小さな和風の一品に
万能ねぎとハムのぬた
1人分 **76kcal** 調理時間 **15分**

材料（2人分）
万能ねぎ	1/2束
ハム	2枚
A みそ	大さじ1.5
砂糖	大さじ2/3
酢	大さじ1
ねりがらし	適宜

●作り方
1　万能ねぎは熱湯でさっとゆで、ざるに広げて冷ます。長さを半分に切り、包丁の背でしごいてぬめりをとり、3cm長さに切る。ハムは3cm長さの短冊切りにする。
2　Aはまぜて、からし酢みそを作る。
3　食べる直前に、1を合わせて2であえる。

おつまみおかずに

香りのよい旬の野菜でシンプルに
三つ葉ののりあえ
1人分 **22kcal** 調理時間 **5分**

材料（2人分）
三つ葉	2束
塩	少々
焼きのり	1枚
しょうゆ	小さじ1

●作り方
1　三つ葉は塩を加えた熱湯でゆでて冷水にとって冷まし、水けをしぼって3cm長さに切る。のりはポリ袋に入れてもみ、もみのりを作る。
2　ボールに三つ葉、しょうゆを入れてまぜ合わせ、のりを加えてあえる。

おもてなしに

薄味でさっぱりと煮上げる定番の一品
厚揚げと白菜の煮びたし

1人分 **149kcal**　調理時間 **20**分

材料（2人分）
厚揚げ	1/2枚
白菜	200g
サラダ油	大さじ1
A ┌ 薄口しょうゆ	大さじ1
├ 砂糖	小さじ1/2
├ 塩	少々
└ だし	1/2カップ
七味とうがらし	少々

●作り方
1 厚揚げは熱湯を回しかけて油抜き（p.192参照）をし、縦3等分にして、1cm厚さに切る。
2 白菜は軸と葉に分け、軸は4～5cm長さ、1cm幅に切り、葉はざく切りにする。
3 なべにサラダ油を熱し、白菜の軸を入れて中火でいため、しんなりしたら、葉、厚揚げ、Aを加え、弱火で7～8分煮る。器に盛り、七味を振る。

おもてなしに

薄味でふっくら、やさしい口当たり
わかめと油揚げの煮びたし

1人分 **76kcal**　調理時間 **10**分

材料（2人分）
わかめ（塩蔵）	20g
油揚げ	1枚
A ┌ だし	2/3カップ
├ みりん	大さじ1
└ しょうゆ	大さじ2/3

●作り方
1 わかめは流水で塩を洗い落とし、水でもどして食べやすく切り、水けをしぼる。
2 油揚げは熱湯をかけて油抜き（p.192参照）をし、縦半分に切ってから1cm幅に切る。
3 なべにAを煮立て、油揚げとわかめを入れ、約2分煮る。

おつまみおかずに

小鉢物　厚揚げ・わかめ・きのこ

低カロリーがうれしい
きのこの煮びたしのり風味

1人分 **58kcal**　調理時間 **10分**

材料（2人分）
- えのきだけ……………1袋
- しめじ………………1パック
- まいたけ……………½パック
- 万能ねぎ………………2本
- A ┌ だし……………1カップ
　　├ みりん…………大さじ1
　　└ 薄口しょうゆ…大さじ1.5
- 焼きのり………………1枚

●作り方
1　えのきだけは根元を切り落としてほぐす。しめじとまいたけは石づきをとって小房に分ける。万能ねぎは2〜3cm長さに切る。
2　なべにAを煮立て、1のきのこを加えて2分ほど煮る。万能ねぎとちぎったのりを加えてさっとまぜ、一煮立ちしたら火を止める。

おもてなしに

ピリ辛好きなら明太子で作っても
きのこのたらこ炒め

1人分 **80kcal**　調理時間 **10分**

材料（2人分）
- 生しいたけ、しめじ
　………………合わせて200g
- たらこ…………………½腹
- サラダ油……………大さじ½
- 酒………………………大さじ1

●作り方
1　しいたけは石づきを除き、軸ごと5mm厚さに切る。しめじは石づきを除き、食べやすくほぐす。
2　たらこは薄皮をとって身をほぐす。
3　なべにサラダ油を熱して1を入れて弱火でいため、しんなりしたら2を加えてほぐしながらさらにいため、酒を振ってまぜ合わせる。

お弁当おかずに

汁物

コクのあるみそ汁やさっぱり味のすまし汁。味つけと具材の組み合わせしだいでバリエーションは無限！

ぜひ覚えておきたいみそ汁の定番
豆腐とわかめのみそ汁

1人分 **69kcal**　調理時間 **5**分

材料（2人分）
- 絹ごし豆腐……… ½丁（150g）
- カットわかめ（乾燥）……… 2g
- だし……… 1¾カップ
- みそ……… 大さじ1.5

●作り方
1　豆腐は1.5cm角のさいの目切りにする。わかめは水でもどし、水けをしぼる。
2　なべにだしを入れて火にかける。一煮立ちしたら、みそをだしでときのばして加える。
3　豆腐、わかめを加えて一煮し、煮立つ直前に火を止める。

みそは玉じゃくしにのせて、だしを少量ずつ加えながら、なめらかにときのばす。なべに直接入れると、とけ残ることもあるのでNG。

火の通りやすい豆腐やわかめは、仕上げに入れてゆっくり加熱。みそを加えてからは、風味がとばないようグラグラ煮立てない。

汁物
みそ汁

なすとえのきだけのみそ汁
実のしまった秋なすには、深い味わいの赤みそで

材料（2人分）
- なす……………小1個
- えのきだけ……………½袋
- 万能ねぎ……………少々
- だし……………1.5カップ
- 赤みそ……………大さじ1

●作り方
1　なすはへたを切り落として八つ割りにし、さらに長さを半分に切る。えのきだけは根元を切って半分に切る。
2　万能ねぎは小口切りにする。
3　なべにだしを煮立て、1を加えて煮る。火が通ったらみそをとき入れて2を散らし、煮立つ直前に火を止める。

1人分 **36kcal** 調理時間 **5**分

ほうれんそうと油揚げのみそ汁
油揚げのコクが食欲をそそる

1人分 **61kcal** 調理時間 **10**分

材料（2人分）
- ほうれんそう……………100g
- 油揚げ……………½枚
- だし……………1¾カップ
- みそ……………大さじ1.5

●作り方
1　ほうれんそうは熱湯でさっとゆでて水けをしぼり、3cm長さに切る。
2　油揚げは熱湯をかけて油抜き（p.192参照）をする。縦半分にし、7～8mm幅に切る。
3　なべにだしを入れて火にかけ、油揚げを入れる。煮立ったらほうれんそうを加え、一煮する。みそをだしでときのばして加え、煮立つ直前に火を止める。

しゅんぎくと豆腐のみそ汁

みそをとき入れたら、さっとあたためるだけ

材料（2人分）
- しゅんぎく……………50g
- 絹ごし豆腐……………1/6丁
- 油揚げ…………………1/4枚
- だし……………………2カップ
- みそ……………………大さじ1.5

●作り方
1 しゅんぎくは根元を除き、たっぷりの熱湯でゆで、水にとって冷まし、水けをしぼり、約2cm長さに切る。
2 豆腐はさいの目に切り、油揚げは熱湯をかけて油抜き（p.192参照）をし、約1cm角に切る。
3 なべにだしを煮立て、1、2を入れ、みそをとき入れて、煮立つ直前に火を止める。

1人分 **59kcal** 調理時間 **10**分

小松菜と麩のみそ汁

季節の野菜とストックできる食材で

1人分 **52kcal** 調理時間 **5**分

材料（2人分）
- 小松菜…………………100g
- 麩………………………10g
- だし……………………1.5カップ
- みそ……………………大さじ1.5

●作り方
1 小松菜は3〜4cm長さに切る。麩は水でもどし、水けをしぼる。
2 なべにだしを煮立て、1を加え、さっと煮てみそをとき入れ、再び煮立つ直前に火を止める。

汁物 — みそ汁

あさりのみそ汁
昆布とあさりのうまみがいっぱい

材料（2人分）
- あさり（殻つき）……250g
- 塩……少々
- 昆布……5cm長さ
- みそ……大さじ2
- ねぎの小口切り……少々

●作り方
1　あさりは塩水につけて砂出しをし、水洗いして水けをきる。
2　なべにあさり、水2.5カップ、昆布を入れて弱火にかけ、煮立ったら昆布をとり出し、弱火にしてアクをとり、あさりの口があくまで煮る。
3　2にみそをとき入れ、ねぎを加えて一煮する。

1人分 50kcal　調理時間 15分

落とし卵とわけぎのみそ汁
朝ごはんの一品にもおすすめ

1人分 115kcal　調理時間 10分

材料（2人分）
- 卵……2個
- わけぎ……3本
- だし……2カップ
- みそ……大さじ2

●作り方
1　わけぎは約1cm幅の斜め切りにする。
2　なべにだしを煮立てて卵を1個ずつ静かに落とし入れて半熟状になるまで煮る。
3　2にみそをとき入れ、わけぎを散らして火を止める。

焼きのりの香りが魅力

豆腐とのりのとろみ汁

材料（4人分）
- 絹ごし豆腐……………½丁
- ねぎ………………………¼本
- A
  - だし………………3カップ
  - 塩…………………小さじ2
  - しょうゆ…………小さじ⅖
- かたくり粉……………大さじ1
- 焼きのり………………½枚

●作り方

1 豆腐は水けをきり、1cm角の拍子木切り、ねぎは斜め薄切りにする。

2 なべにAを入れて熱し、豆腐を加えて一煮立ちさせる。かたくり粉を倍量の水でといて入れ、とろみをつけ、ねぎを散らし、火を止める。

3 器に盛り、こまかくちぎった焼きのりを散らす。

1人分 **69kcal** 調理時間 **5** 分

半端に残った野菜を使うのもOK

せん切り野菜のすまし汁

1人分 **15kcal** 調理時間 **10** 分

材料（2人分）
- 大根、にんじん………各1cm
- 白菜………………………½枚
- ねぎ………………………5cm
- だし………………………2カップ
- しょうゆ………………小さじ¾
- 塩…………………………小さじ⅓

●作り方

1 大根とにんじんは皮をむき、せん切りにする。白菜、ねぎは長さをそろえて縦にせん切りにする。

2 なべにだしを煮立てて**1**を加え、火が通ったらしょうゆ、塩で味をつける。

汁物
すまし汁

とろろ昆布と梅干し、おかかの簡単汁
熱湯を注ぐだけ。あっという間にでき上がり！

材料（2人分）
- とろろ昆布……………… 6g
- 梅干し…………………… 1個
- 削りがつお…… 1パック（4g）
- しょうゆ………………… 適量

●作り方
1　2客の器にとろろ昆布、削りがつお、手でちぎった梅干しを分け入れる。
2　それぞれに熱湯を注いで、好みでしょうゆを加える。

1人分 **15kcal**　調理時間 **5** 分

小松菜入り卵とじ椀
締めくくりの一品にはあっさりの汁物を

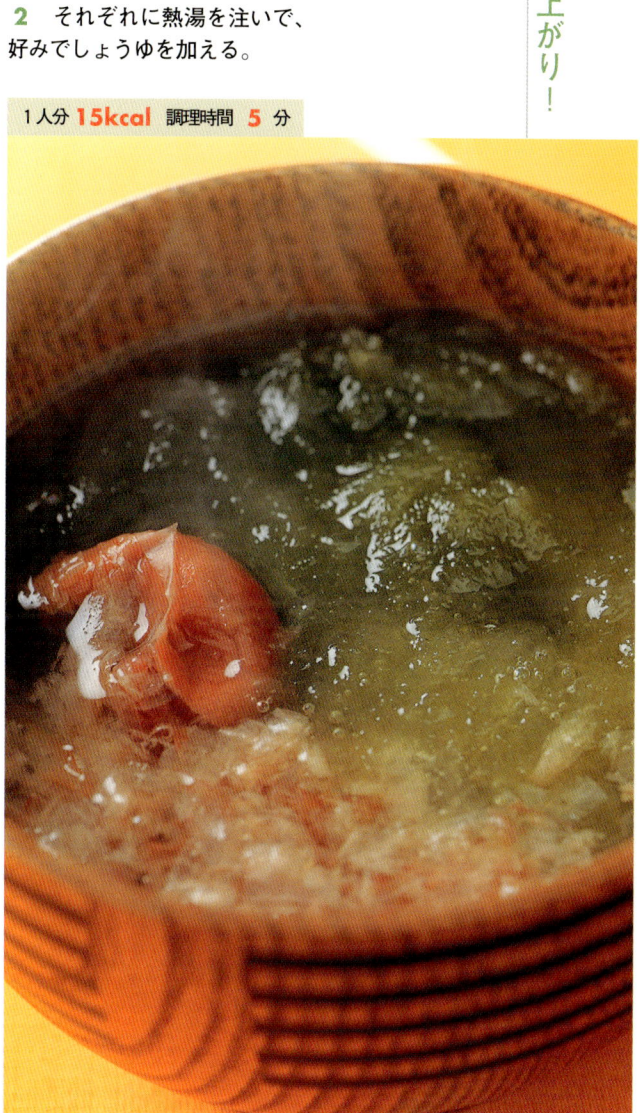

1人分 **48kcal**　調理時間 **10** 分

材料（2人分）
- 小松菜…………………… 1/4束
- 卵………………………… 1個
- だし……………………… 2.5カップ
- A　酒……………………… 小さじ1
- 　　塩……………………… 小さじ2/3
- 　　しょうゆ……………… 少々

●作り方
1　小松菜は根元を切り落とし、よく洗って2〜3cm長さに切る。卵はよくといておく。
2　なべにだしを煮立て、小松菜を入れて1〜2分煮て、Aで調味し、十分煮立ったところに卵を細く流し入れ、ふんわりしたらすぐ火を止める。

豆腐の水けがとぶまで炒めるのがコツ
けんちん汁

1人分 **104kcal** 調理時間 **15**分

材料（2人分）
- 木綿豆腐　　　　　½丁
- ごぼう　　　　　　¼本
- ごま油　　　　　大さじ½
- だし　　　　　　2カップ
- 塩、しょうゆ　　　各少々

●作り方

1　豆腐は手でくずしてざるに入れ、10分おいて水けをきる。ごぼうは皮をこそげてささがきにし、水に10分さらして水けをきる。

2　なべにごま油を熱して豆腐をよくいためる。水分がとんだら、ごぼうを加えてしんなりするまでさらにいためる。

3　だしを加えて5～6分煮、ごぼうがやわらかくなったら、塩、しょうゆで味をととのえる。

最初に豆腐を油でよくいため、余分な水分をとばし、うまみを吸収しやすくする。みそと相性がよいごま油を使うのが、味に深みを出すコツ。

汁物
具だくさん汁

ボリュームも栄養も満点のおかずになる汁物

豚汁

1人分 **221kcal** 調理時間 **15分**

材料（2人分）
- 豚こまぎれ肉……100g
- 大根……100g
- にんじん……1/2本
- こんにゃく……1/2枚
- サラダ油……大さじ1/2
- みそ……大さじ2
- ねぎの小口切り……1/2本分

●作り方

1　大根とにんじんは3～4mm厚さのいちょう切りにする。こんにゃくはスプーンでちぎって下ゆでし、水けをきる。

2　なべにサラダ油を熱して豚肉をいため、肉の色が変わったら1を加えていため合わせる。全体に油がなじんだら、水2カップを加える。煮立ったら弱火にしてアクをとり、野菜がやわらかくなるまで煮る。

3　みそを煮汁少々でときのばして加え、ねぎを散らす。

水分が多くて味のしみにくいこんにゃくも、スプーンなどで一口大にちぎると、煮汁にふれる面積が多くなるので、味がしみやすくなる。

ごはん

ふっくら炊けたおいしいごはんは、
和食の基本アイテム。
具がいっぱいの炊き込みごはんや
どんぶり物は、おもてなしにも大活躍！

調味してから具を全部のせてスイッチオン！

きのこの炊き込みごはん

1人分 **361kcal**　調理時間 **35**分

材料（2人分）

- 米‥‥‥‥‥‥‥‥2カップ
- 鶏胸肉‥‥‥‥½枚（100ｇ）
- A ┌ 酒‥‥‥‥‥‥小さじ1
　　└ しょうゆ‥‥‥‥小さじ1
- にんじん‥‥‥‥‥小½本
- 生しいたけ‥‥‥‥‥1パック
- しめじ‥‥‥‥‥‥1パック
- B ┌ 塩‥‥‥‥‥‥小さじ¾
　　├ しょうゆ、みりん‥‥各小さじ2
　　└ 酒‥‥‥‥‥‥大さじ1

●作り方

1 米は炊く30分前にといでざるに上げ、水けをきる。

2 鶏肉は小さめのそぎ切りにし、Aをからめて下味をつける。にんじんは7～8mm角に切る。しいたけは石づきを除き、2～3mm厚みに切る。しめじも石づきを除き、ほぐす。

3 炊飯器に米を入れる。水をひたひたに注いで、Bを入れて調味する。目盛りまで水を足して一まぜして表面を平らにし、**2**を広げてのせ、スイッチを入れる。炊き上がったら、全体をさっくりとまぜる。

米をといだらざるに上げて水けをきる。乾燥しがちな冬場は、表面の米だけが乾いてしまわないようにぬれたふきんなどをかけておく。

炊飯器の目盛りに合わせて、最後に足りない水を補う。米にいきなり調味料を加えると、色むらの原因になるので、水→調味料→水の順番で。

具を米の上にのせたら、まぜずに炊く。米と具をまぜると、全体に均一に加熱できなくなり、炊きむらができることもある。

ごはん
炊き込みごはん・おこわ

もち米の食感と鶏肉のうまみが絶妙にマッチ
鶏肉とごぼうのおこわ

1人分 **443kcal**　調理時間 **35**分

材料（3〜4人分）
- もち米………………2カップ
- 鶏もも肉……………1枚
- ごぼう………………1/3本
- ゆでたぎんなん……12個
- A
  - だし………………1カップ
  - しょうゆ…………大さじ1
  - 酒…………………大さじ2
  - 砂糖………………小さじ1
  - 塩…………………小さじ1/4
- B
  - 水…………………1/3カップ
  - 酒…………………大さじ2

●作り方

1　もち米は炊く30分前に洗って、ざるに上げておく。

2　鶏肉は余分な脂肪を切りとって約1cm角に切る。ごぼうは皮をこそげとってささがきにし、水にさらし、水けをきる。

3　なべにAを合わせ、2を加えて下煮する。具と煮汁を分け、煮汁を2/3カップとっておく。

4　炊飯器にもち米とB、3の煮汁を入れ、一まぜしてスイッチを入れる。スイッチが切れたらすぐに3の具とぎんなんを入れ、全体をさっくりとまぜてふたを閉め、蒸らす。

鶏肉とごぼうは、中までしっかりと火を通して煮汁と分けておく。鶏肉はジューシーに、ごぼうはシャキシャキに仕上げるポイント。

鶏肉とごぼうの煮汁に、水を加えて水かげんする。具のうまみがしっかりとしみたごはんが炊き上がったら、すぐに具を合わせて蒸らす。

香ばしい桜えびを彩りよくとり合わせて
ぎんなんと桜えびのまぜごはん

1人分 **400kcal** 調理時間 **10分**

材料（2人分）
- ぎんなん（水煮缶）……16〜20粒
- 桜えび……………………10g
- しょうゆ………………大さじ1
- しゅんぎく………………150g
- 塩………………………少々
- 熱いごはん……………350〜400g

●作り方

1　小なべに湯を煮立て、ぎんなんを入れて一煮立ちさせ、ざるにとって水けをきる。

2　桜えびはフライパンでからいりする。カラリとしたらしょうゆをからめる。しゅんぎくはこまかく刻んで塩でもむ。しんなりしたら、両手でにぎって水けをギュッとしぼる。

3　熱いごはんに、1、2を加えてさっくりまぜる。

桜えびを香ばしくカラリと仕上げるために、油を引いていないフライパンでからいりする。最後にしょうゆをからめると、風味もアップ！

ごはん
まぜごはん・おかゆ

うなぎときゅうりのまぜごはん
かば焼きをあたためてからまぜるのがコツ

1人分 **291kcal**　調理時間 **10**分

材料（2人分）
- うなぎのかば焼き……¼尾分
- 酒……………………大さじ½
- きゅうり………………½本
- 塩………………………少々
- ねりわさび……………小さじ1
- 熱いごはん……………240g

●作り方
1　うなぎのかば焼きは耐熱容器にのせ、酒を振ってラップをかけ、電子レンジで1分ほどあたためて一口大に切る。
2　きゅうりは小口切りにし、塩でもんでしばらくおき、しんなりしたら水けをしぼる。
3　ごはんに**1**と**2**を加えてさっくりとまぜ、器に盛って、わさびをのせる。

大根がゆのしょうゆあんかけ
大根もいっしょにコトコト炊き上げる

1人分 **221kcal**　調理時間 **20**分

材料（2人分）
- 大根……………………150g
- 米………………………½カップ
- 塩………………………少々
- A ┌ だし……………⅔カップ
　　├ みりん…………大さじ2
　　└ しょうゆ………大さじ2
- かたくり粉……………大さじ½
- おろししょうが………適宜

●作り方
1　大根は皮をむいて3cm長さの細切りにする。
2　米は洗ってなべに入れ、水3カップと塩を加え火にかける。煮立ったら火を弱めてふたをし、10分ほど煮る。大根を加え、再びふたをして10～15分煮る。
3　小なべにAを煮立て、かたくり粉を水大さじ2でといて加え、かためにとろみをつける。
4　**2**を器に盛り、**3**のあんをかけておろししょうがを添える。

梅肉のほどよい酸味とねぎの風味でいただく
鶏肉の梅焼き丼

1人分 **736kcal**　調理時間 **15**分

材料（2人分）
- 鶏もも肉……180g
- ねぎ……大1本
- 梅干し……大2個
- A
  - みりん……大さじ3
  - しょうゆ……大さじ1.5
  - 酒……大さじ2
- サラダ油……大さじ2
- 青じそのせん切り……10枚分
- 熱いごはん……どんぶり2杯分

●作り方

1 鶏肉は一口大に切る。ねぎは2cm長さに切る。梅干しはちぎって、Aをまぜ合わせておく。

2 フライパンにサラダ油を熱し、鶏肉、ねぎをこんがりと焼きつける。ねぎだけをとり出し、器に盛ったごはんにのせる。

3 フライパンの余分な油をふきとり、**1**の梅肉を加えて強火で煮詰め、鶏肉にからめる。鶏肉をとり出して**2**にのせる。残った煮汁を煮詰めて上からかけ、青じそを添える。

スタミナ満点のネバネバ野菜をのせた元気どんぶり
ステーキ丼オクラとろろソース

1人分 **725kcal**　調理時間 **15**分

材料（2人分）
- オクラ……8本
- 昆布茶……小さじ1
- 牛肉（ステーキ用）……200g
- サラダ油、こしょう……各少々
- 塩……適宜
- 刻みのり……少々
- ねりわさび、しょうゆ……各少々
- 熱いごはん……どんぶり2杯分

●作り方

1 オクラは塩少々でもんで、やわらかくゆでる。縦半分に切って種をとり、こまかく刻む。さらにたたいて粘りを出して昆布茶をまぜる。粘りが強すぎるようなら、水少々を加える。

2 牛肉は軽く塩、こしょうする。フライパンにサラダ油を熱し、牛肉の両面をカリッと焼いてとり出す。肉汁が落ち着くまで3～4分おいて、一口大に切る。

3 ごはんにのりを敷き、牛肉をのせて**1**をかける。わさびを添え、しょうゆをかける。

ごはん
どんぶり物・カレーライス

だしで煮て水どきのかたくり粉でとろみをつける
そば屋のカレーライス

1人分 **697kcal** 調理時間 **20分**

材料（2人分）
- 豚肩ロース肉……………150g
- 玉ねぎ……………………1/2個
- にんじん…………………1/2本
- じゃがいも………………1個
- 絹さや……………………10枚
- A ┌ だし………………2カップ
　　└ みりん、しょうゆ
　　　　　　　　……各大さじ2
- カレー粉…………………大さじ1
- B ┌ かたくり粉………大さじ1
　　└ 水………………大さじ1.5
- 熱いごはん………………2人分

●作り方

1 豚肉は一口大に切る。玉ねぎは2cm角に切る。にんじんは縦半分に切ってから乱切りにし、下ゆでする。じゃがいもは八つ割りにし、水にさらして水けをきる。絹さやは筋をとり、斜め半分に切る。

2 なべにA、豚肉、にんじんを入れて強火にかけ、煮立ったら中火にしてアクをとりながら約2分煮、じゃがいもと玉ねぎを加えてさらに5〜6分煮る。

3 カレー粉を振り入れてよくまぜ、Bで水どきかたくり粉を作って加え、とろみをつける。絹さやを加え、色鮮やかになったら火を止める。器にごはんを盛ってカレーをかける。

組み合わせるおかずはこれで決まり！

サラダ感覚で楽しめる一品を添えて

サラダがわりに、野菜の甘酢漬けなどさっぱりとした副菜をたっぷり添えましょう。つけ合わせにはおなじみの福神漬やらっきょうに加えて、ゆで卵をあらく刻んだものもよく合います。

合わせ調味料おすすめ5

和食の味つけの基本のキホンは、だしと調味料の組み合わせ。市販のだしでももちろんOKですが、ここでご紹介する自家製だしと合わせ調味料5つを覚えておくと、かんたん！ おいしい！

アドバイス
植木もも子先生
料理研究家、スタイリストとして幅広く活躍中。和食はもちろんのこと、おいしく、体にいい料理を作ることに定評があります。今回は、和食のコツ、和食ならではの盛りつけ方などをアドバイス。

おすすめ1 火を使わずに作る 万能だし

これなら、10秒でできます。ただし、使うのは8～12時間後。朝イチ、夜寝る前などに、その日に使う分をまとめて作っておくと便利。

材料（作りやすい分量）
- 干ししいたけ……1個
- 昆布…3×5cm角1枚
- 煮干し…小8本（5g）
- 水……………2カップ

作り方
干ししいたけはペーパータオルで汚れを軽くふきとり、煮干しは頭とはらわたをきれいに除き、昆布はかたくしぼったぬれぶきんでふいておく。これらの材料を密閉容器に水といっしょに入れて、冷蔵庫に約8時間程度おけばでき上がり。

保存
冷蔵保存します。その日のうちに使いきり、毎日作るのがおすすめです。

活用
みそ汁を2人分作る場合は、だし360mlに対して、みそは大さじ1が目安です。みそを加えたら煮立たせないようにするのが風味よく仕上げるポイント。すまし汁のときは、だし300mlに対して、塩を小さじ1/3としょうゆを1～2滴加えれば完成です。だしの香りを味わいたいから、調味料は控えめにします。

節約
万能だしを使いきったら、中の材料をなべに移し、水2カップを注いで煮立たせると、もう一度だしがとれます。煮物などに利用しましょう。

おすすめ2 市販品より絶対おいしい！ つゆのもと

そのまま煮物に使ったり、好みの味に水で薄めてめんつゆにしたり、だしで割れば天つゆに……と用途はいろいろ。自分で作れば安心。

材料（作りやすい分量）
- しょうゆ……1/2カップ
- みりん………1/2カップ
- 削りがつお……40g
- 水……………2カップ

作り方
❶ なべに材料を全部入れ、アクをとりながら中火で8分ほど煮る。
❷ 煮立ったらざるでこして、冷ます。

保存
密閉容器に入れて冷蔵庫で2週間が目安です。

活用
天つゆやそうめんのつけづゆを作る場合は、つゆのもと1カップに対して、だし（もしくは水）1/2カップで割ります。カツ丼や親子丼などの丼つゆの場合は、つゆのもと1カップに対して、だしを1/3カップ、酒、砂糖各大さじ1を加えて一度煮立たせるだけでOK。そのほか、煮物や煮魚、照り焼きのたれなどを作るときにも使えます。

> もっと
> おいしく
> 和食!

これはおいしい! 自家製だしと

おすすめ 5 香ばしさがたまらない ごまみそ

ねりごまを使うことで、みそにまろやかさをプラス。

材料(作りやすい分量)
みそ……………300 g
ねり白ごま(黒ごまでも可)……100 g
※ねりごまの割合は、みその量の1/3が目安。

作り方
材料をボールに入れてよくまぜ、密閉容器などに入れて保存する。

保存
冷蔵庫に入れて保存します。3週間くらいを目安に使いきります。

活用
でんがく用のねりみそや、肉みそを作るときに便利です。

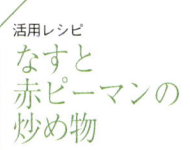

活用レシピ なすと赤ピーマンの炒め物

材料と作り方(2人分)
❶フライパンにサラダ油大さじ1を熱し、縦4等分にして3cm長さに切ったなすを加えていためる。全体に油が回ったら、横に7〜8mm幅に切った赤ピーマン1個を加えていためる。
❷①に酒大さじ1を回しかけていため、全体にしんなりしたら火を止め、ごまみそ大さじ1強をみりん大さじ1でといたものを加える。全体にからめて再び火をつけてざっといためる。
※みりんや砂糖を加えると、味に深みが出る。同量の割合のだしでとけば、ゆでた野菜に合う。そのままトーストに塗っても、香ばしくておいしい。

おすすめ 4 さっぱり&ピリ辛が魅力 とうがらし酢

脂っこい料理にちょっとだけかけるのがおいしさの秘訣。

材料(作りやすい分量)
酢……………2カップ
赤とうがらし……2本

作り方
密閉容器に材料を全部入れ、1時間くらいつけ込んでおけば完成。

保存
冷暗所に保存しておけば、3カ月くらいは十分に使えます。

活用
揚げ物やラーメンなど脂っこい料理に最適。かつおのたたきにも。

活用レシピ 豚しゃぶサラダ

材料と作り方(2人分)
❶なべに湯を沸かしておく。豚肉(しゃぶしゃぶ用)150 gは長さを3等分にし、酒大さじ2と塩少々を振ってまぜ合わせておく。湯が沸騰したら、豚肉を入れ、色が変わったら冷水にとり、水けをきって冷ます。
❷長さを半分に切った貝割れ菜としらがねぎ各適量の水けをよくきって器に盛り、①の豚肉をのせ、上から軽く塩を振る。とうがらし酢大さじ1を回しかけ、最後にとうがらしの小口切りを飾る。

おすすめ 3 あとを引くおいしさ 梅じょうゆ

超簡単なのに超便利な調味料の代表格。

材料(作りやすい分量)
しょうゆ……1カップ
梅干し………大1個

作り方
密閉容器に材料を全部入れ、1時間くらいつけ込んでおけば完成。
※梅干しをつぶしてから加えると、風味が早く出ておいしい。

保存
冷暗所に保存しておけば、3カ月くらいは十分に使えます。

活用
豆腐ステーキ、白身魚や鶏肉をゆでたものなどによく合います。

活用レシピ ささ身としししとうの炒め物

材料と作り方(2人分)
❶鶏ささ身2本はそぎ切りにし、酒大さじ1/2と塩少々を振ってなじませておく。フライパンにサラダ油大さじ1/2を熱し、ペーパータオルで水けをふいたささ身を入れ、両面きつね色の焼き色がつくまで焼く。
❷①に斜め切りにしたししとうがらし8本を加えていため、油が回り少し焼き色がついたら、火を止めて器に盛り、料理が熱いうちに梅じょうゆ大さじ2/3をかける。
※塩分が強いので、使うときは控えめにする。

コツ10

なんとなく、「こうかな？」と思いながらやっていることを
この際、きちんと覚えておきましょう。
味の差、舌ざわりの差、見た目の差、歴然です！

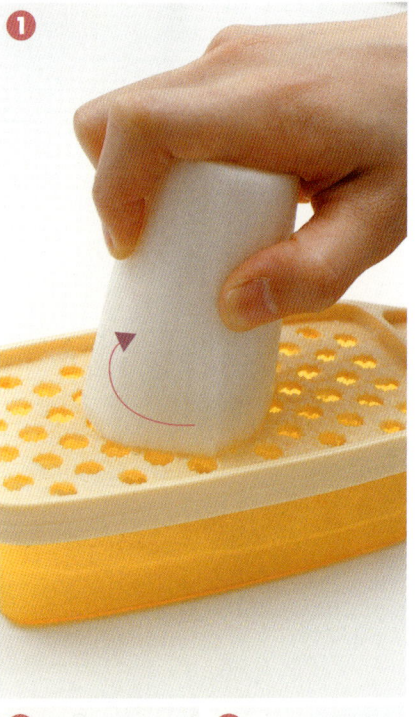

コツ1 大根

❶大根おろしは、断面をおろし器と平行に当て、ゆっくりと回しながらおろすと、繊維が切れてやさしい口当たりになります。
❷大根おろしの汁け、しぼって捨てていませんか？　実は、このおろし汁にもおいしさがたっぷり。ざるなどに入れて自然に水をきるのが原則です。かたくしぼってしまうと、舌ざわりが悪く、風味もそこなわれます。
❸ふろふき大根は、底になるほうに十文字の隠し包丁を大根の高さの1/3くらいまで入れておくと、火の通りが早くなり、味がしみ込みやすく、しかも食べやすくなります。

コツ2 しょうが

❶生で食べるときは、皮をむいたほうが口当たりがよくなり、おいしさがUPします。しょうが汁を作るときは、きれいに洗って皮ごとすりおろしたほうが、より香り高く仕上がります。
❷しょうがの香りは皮と身の間にたくさん詰まっているので、肉や魚などのくさみをとるときは、皮をつけたまま使います。しょうがもいっしょに食べたい！　という人は、しょうがをきれいに洗って皮をむき、身だけスライスして、煮るときに皮とスライスしたものを両方入れば、くさみをとる効果もあり、しょうがもおいしく食べられます。

コツ3 卵

❶卵をとくときは、最初に菜箸で白身を切ることで卵黄とまざりやすくなり、何回もかきまぜなくてもきれいなとき卵ができます。
❷ボールの底を菜箸で左右にこするようにして卵をとくと、泡が立ちにくいので、茶わん蒸し、卵豆腐、卵焼きなど、卵のプルプル感やふわふわ感を出したい料理にぴったりです。

コツ4 缶詰め

コーン缶やあさりの水煮缶は、使う前にざるにあけて熱湯をかけると缶詰め特有のにおいがとれます。熱湯をかけたあとは、水っぽくならないように、水けをよくきっておくのもポイント。

もっとおいしく和食！

この一手間で家の和食がグレードアップ 食材使いの

コツ 9 薄切り肉をいためる

薄切り肉を焦がさずにいためるには、油を熱したなべをいったんぬれぶきんの上において一呼吸おいてから肉を入れ、そのまま少しかきまぜて火の上に戻します。この一手間で、肉がなべ底にくっつかず、ボロボロになることも防げます。肉や卵などタンパク質が多い食品は、焦げつきがちですが、あわてずに、ぬれぶきんや、なべ底を水につければだいじょうぶ。焦げつきはきれいにとれます。

コツ 10 野菜のアク抜き

❶ 薬味野菜は1分ほど水にさらすと、アクが抜けて歯ざわりもよくなります。
❷ 酢れんこんやたたきごぼうなど、色を白く仕上げたいときは、酢水（水1カップにつき酢小さじ1/4の割合）に2～3分つけてアク抜きをしますが、濃いめの味でしょうゆ色に仕上げる料理のときは、水につけるだけでOK。

コツ 7 乾物

ひじきや切り干し大根などの乾物をもどしたとき、つい水ごとざるにあけてしまいがちですが、これではせっかくとれたごみなどの汚れが再びまざってしまいます。手でつかんで別のざるに移して水けをきる方法がベスト。

コツ 8 冷凍えび

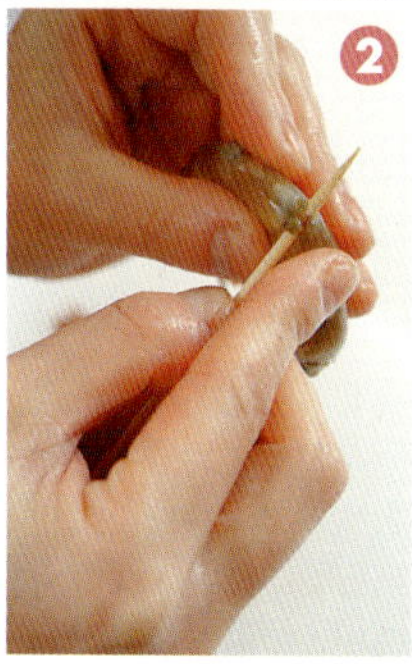

❶ えびを解凍したあと、酒や塩水（水1カップに塩小さじ1が目安）で洗い、流水でよくすすぐと、冷凍品にありがちな生ぐさみが防げます。
❷ 背わたをきれいにとるときは、背を丸めて持ち、第2関節から竹ぐしを差し込んで背わたを引き抜きます。殻つきのままのほうが背わたをとりやすく、さらにえびをじかにさわらないので、清潔で、しかもえびを傷つけなくてすみます。

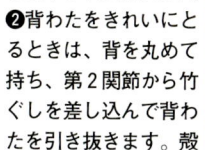

コツ 5 ごま

いりごまは、親指と人さし指でギュッとつぶすようにして料理に振りかけると、ごまのよい香りが引き出されます。指でひねるようにしてつぶすので、"ひねりごま"と呼ばれています。

コツ 6 青菜

ゆでるときは、3株くらいずつに分けてゆでます。熱湯の温度が下がりにくいため、ゆでる時間が短くてすみ、ほうれんそうがシャキッとした歯ごたえを残したまま色よくおいしくゆでられます。そして、さっとゆでたら、あらかじめボールに用意しておいた氷水か、流水で急激に冷まします。こうすることでほうれんそうがしんまで冷めるので、仕上がりがきれいな色に。

家にある器も活用できるから、本格和食器がなくてもOK！

盛りつけに注目！和食らしさが出る基本のルール6

基本のルールを押さえれば、洋食器に盛っても和食感覚が楽しめます。和食は必ず和食器に、とは限りません。

ルール5 「敷き紙」で和食度アップ

天ぷらやかき揚げなどの揚げ物を盛りつけるときは、しみ出てきた油を、また揚げ物が吸ってしまってべたつかないように、和紙などの紙を敷きます。揚げ物用の敷き紙が市販されていますが、身近にある和紙や懐紙などを利用することもできます。器よりも一回り小さめに折って使うとよいでしょう。洋皿を使った場合も同様に紙を敷くと、和食の雰囲気が演出できます。

ルール3 小高く盛る

酢の物やあえ物、煮びたしなどの1人分を盛りつけるときのちょっとしたコツは、一口分ずつ積み重ねるようにして小高く盛りつけること。食べやすく、見た目もきれいになります。針しょうがや木の芽、せん切りにしたゆずなどを添える場合も、まないたの上などで一まとめにして少し高さを出してから、器に盛りつけます。

ルール1 立体感を出す

和食を盛りつけるときにたいせつなのは、立体感を出すことと空間を生かすこと。だから、器いっぱいに料理を平らに盛るのは×！　たけのことわかめの煮物なら、まずたけのこを立てた状態で盛りつけ、その手前にわかめを添えます。最後に、盛りつけた具がくずれないように煮汁をそっと注ぎます。中心を高くして、こんもりと盛るのがおいしそうに見せるコツです。

ルール6 いまある器を使いこなす

小鉢サイズで家にある器といえば、シンプルな大ぶりの湯飲みがちょうどそのサイズ。和食風の小鉢がなくても、これに酢の物などを盛ると和食感が出るのは意外な発見です。針しょうがなどを添えればより雰囲気が出ます。

大ぶりな湯飲みは、落とし卵や温泉卵などの盛りつけにもぴったりです。さらに湯飲みの下に和風模様の小皿を敷けば、おしゃれ感がアップします。

ルール4 洋皿を使いこなす

焼き魚や天ぷらを盛りつける和皿がないときは、絵柄のない白やベージュのシンプルなパン皿やデザート皿を利用しましょう。直径17〜18cmが理想的です。洋皿は比較的縁が広く、和皿よりも中心部分が広いので、無駄なあきが出ないように、青じそなどを敷いて盛りつけるとよいでしょう。手前のあいた部分にはあしらいを添えて、和食らしさを出します。

ルール2 つけ合わせは「右手前」

洋食のときは、メインの食材の後ろにつけ合わせを盛りつけますが、煮魚や焼き魚、鶏の照り焼きなどの和食を盛りつけるときは、つけ合わせをあしらいと呼んで、右手前に添えるのがルールです。よく使われるあしらいとして、酢れんこんや軽く焼いたねぎ、ししとうなどがあります。また、味のアクセントとなる甘酢しょうがや塩昆布などもあしらいとして活躍します。

もっとおいしく和食！

一手間が和食感をアップしてくれる

「あしらい」ベスト4

味にアクセントをつけるだけでなく、見た目にも彩りを添え、料理に季節感を出すのがあしらい。和食らしさを出すために、代表的なあしらいを覚えておきましょう。目と香りで料理を楽しむのも和食のよさです。いずれも水けをよくきって使います。

風味 4 白髪ねぎ

ねぎをごく細く切って、水にさらしたものが白髪ねぎ。揚げ物には特によく合います。

作り方
❶まず5cm長さに切りそろえる。最初に切ったものの長さに合わせて切っていくと、長さがそろう。
❷それぞれに縦の切り目を中心まで入れて開き、中央にあるしんをとり出す。
❸開いた内側を下にして縦に少しずらして重ねる。左手でずれないように押さえ、端から細く切る。切り終わったら、水にさらす。こうすることで、余分な辛みが抜けてシャキッとする。

食感 3 酢れんこん

さっぱりとした酸味が焼き魚や鶏の照り焼きなどにぴったりです。中心が高くなるように盛るのがコツ。まないたの上で形をととのえてから盛り添えるとよいでしょう。

作り方
❶れんこん（直径4cmくらいのもの）の皮をむき、薄い輪切りにする。大きいサイズしかないときは、半分にしてから薄切りにする。
❷❶と酢少々を水に入れて火にかける。このとき、れんこんのシャキシャキ感がなくならないようにゆですぎに注意する。
❸ゆで上がったら、熱いうちに種をとった赤とうがらしといっしょに甘酢（酢・だし各大さじ2、砂糖大さじ1⅓、塩小さじ¼）に40分くらいつける。

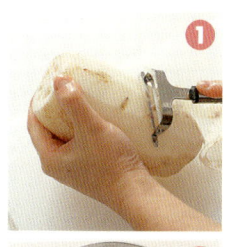

香り 2 木の芽

さんしょうの若い芽のことを木の芽といいます。さわやかな香りが、煮物（特にたけのこなどの春の食材が入ったもの）、あえ物、お吸い物の味を引き立てます。

扱い方
❶茎の先端は汚れていることがあるので、使う直前にハサミで切る（前もって切ってしまうとアクが出るので注意すること）。
❷盛りつけの直前に、手のひらに木の芽を数枚のせて、パンとたたくとふわ～っとよい香りが立つ。
❸保存方法
ぬらしてかたくしぼったペーパータオルにはさみ、ラップで包んで冷蔵庫に入れておけば、2～3日は新鮮さを保つことができる（庭の木の芽をつんだものなら1週間はOK）。

辛み 1 針しょうが

針しょうがは酢の物、あえ物、いわしの煮物などに向きます。盛りつけた料理の中央に、高さを出してあしらいます。細く切るほど本格的です。

切り方
❶皮を薄くむき、繊維に沿って薄切りにする。皮に香りがあるので、厚くむかないように。
❷❶を少しずつずらして重ね、繊維に沿って端から細いせん切りにする。
❸切ったものはさっと水にさらしておくとアクが抜ける。

もっとおいしく和食！ これだけは覚えておきたい 料理基礎用語 7つのポイント

和食名人になるために、これだけはマスターしてほしい料理の基礎用語7つをピックアップしました。
いずれも本書で紹介したレシピに出てくるたいせつな用語です。

ポイント1 青み

料理を引き立てるため、または色合いや味のバランスなどのために加える緑色の野菜のことです。代表的なものは、煮物によく使われる絹さややさやいんげん、また、あえ物などに添える青じそや木の芽などがあります。木の芽の代用として、三つ葉や貝割れ菜なども活躍します。

ポイント2 油抜き

油揚げ、厚揚げ、さつま揚げなど、すでに油で揚げてある材料をざるにのせ、調理する前に熱湯をかけて表面の余分な油を抜くことをいいます。煮立った湯でさっとゆでてざるに上げる方法もあります。こうすることで、表面の汚れもとれて油くささがなくなり、味がよくなじみます。

ゆでる　　熱湯をかける

ポイント3 板ずり

きゅうりやふきなど、色鮮やかに仕上げたいときに用いられる下ごしらえの方法です。材料に塩をまぶして、まないたの上で両手で押しながら転がします。板ずりをしたあと、生で使う場合は塩を洗い流し、ゆでて使う場合は、そのままゆでてもOK。塩の量は、材料全体にまんべんなくまぶすくらいが目安です。

ポイント4 手開き

いわしなど身のやわらかく小ぶりな魚を手でおろす方法です。開いて売られているものもありますが、意外に簡単なので姿のまま買って自分で開いたほうが新鮮な状態で使え、いっそうおいしく仕上がります。

開き方
❶頭を包丁で切り落とし、切り口から内臓を抜き出し、水洗いして水けをふく。背を下にして持ち、親指を差し込んで腹を開く。
❷頭のほうから、再び親指を使って中骨に沿って尾まですべらせて身を開いていく。
❸頭のほうの中骨を少しつまんではがし、身を押さえて中骨を引っぱりながらはがしていき、尾のつけ根で折る。
❹包丁をねかせて腹骨をそぎとる。もう一方も同様にする。

ポイント5 筋切り

身の厚い切り身肉の脂身と赤身の境目にある筋を4〜5カ所、包丁の先で切ることです。こうして筋を切っておくと、加熱したときに肉がちぢまないので熱が均一に通り、形もよく仕上がります。豚肉や鶏肉などのしょうが焼きやフライには欠かせない下ごしらえです。

ポイント6 面取り

煮くずれを防ぐため、切った野菜の切り口の角を薄く削りとって丸みをつけることをいいます。かぼちゃや大根などのやわらかい野菜を長く煮るときの下ごしらえの方法です。煮くずれを防ぐには、途中グラグラと煮立たせず、材料がおどらない程度の中火〜弱火にするのもたいせつです。

ポイント7 湯むき

トマトの皮をむくときの代表的な方法です。トマトの先端に少し切り目を入れて熱湯につけ、切り目から皮がめくれてきたら、冷水にとり出し、めくれたところから皮をむいていくと、薄くきれいに簡単にむけます。皮をむくと、口当たりがなめらかで風味はグンとアップします。

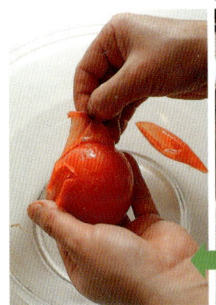